罗黔平◎著

高中语文

# 课堂教学实践与探究

吉林大学出版社

· 长春 ·

**图书在版编目（CIP）数据**

高中语文课堂教学实践与探究 ／ 罗黔平著 . —长春：
吉林大学出版社，2020. 10

ISBN 978－7－5692－7318－2

Ⅰ. ①高… Ⅱ. ①罗… Ⅲ. ①中学语文课—课堂教学
—教学研究—高中 Ⅳ. ①G633. 302

中国版本图书馆 CIP 数据核字（2020）第 200448 号

| | |
|---|---|
| 书　　　名 | 高中语文课堂教学实践与探究 |
| | GAOZHONG YUWEN KETANG JIAOXUE SHIJIAN YU TANJIU |
| 作　　　者 | 罗黔平 著 |
| 策划编辑 | 李潇潇 |
| 责任编辑 | 李潇潇 |
| 责任校对 | 宋睿文 |
| 装帧设计 | 中联华文 |
| 出版发行 | 吉林大学出版社 |
| 社　　　址 | 长春市人民大街 4059 号 |
| 邮政编码 | 130021 |
| 发行电话 | 0431－89580028/29/21 |
| 网　　　址 | http：//www. jlup. com. cn |
| 电子邮箱 | jdcbs@ jlu. edu. cn |
| 印　　　刷 | 三河市华东印刷有限公司 |
| 开　　　本 | 787mm×1092mm　1/16 |
| 印　　　张 | 15 |
| 字　　　数 | 218 千字 |
| 版　　　次 | 2021 年 1 月第 1 版 |
| 印　　　次 | 2021 年 1 月第 1 次 |
| 书　　　号 | ISBN 978－7－5692－7318－2 |
| 定　　　价 | 58. 00 元 |

# 写在前面的话

　　作为"少教多学薄积厚发"语文教学范式的提出者与实践者，我始终致力于实现语文实效、有效课堂的建设，并带领本名师工作室四百多名优秀教师孜孜不倦地将"少教多学薄积厚发"教学范式推广到所在学校的课堂上。今天很欣喜地看到罗黔平老师所著的《高中语文课堂教学实践与探究》一书，此书中的教学案例就是在"少教多学"这条路上探索的成果，真可谓"薄积厚发显真功"！

　　"少教多学"，从字面上理解即教师少教、学生多学。其丰富的内涵体现在以下四个方面：一是启发性地"教"，即教师不要包办学生的学习和思考，少做灌输式的"教"，要鼓励学生自主学习、主动发现并提出问题、尝试解决问题，教师为学生的学习提供必要而适当的帮助；二是针对性地"教"，即教师不要笼统全面地教学，要针对学习过程中存在的问题及学生的个体差异展开教学；三是创造性地"教"，即集中时间和精力创造性地设计教学内容和教学过程，帮助、激起、强化、优化学生的自主学习；四是发展性地"教"，即教师按"最近发展区"的要求，为学生的学习搭建"支架"，通过"支架"的支撑作用把学生的智力、情感水平提高到另一个新的发展水平。

　　"少教多学"之"多学"，即教师要通过"少教"将学生的学习变成发自内心的活动，将学生引向积极学习、深度学习、独立学习的境界。"积极学习"，即学生全身心地参与学习、探究观念、解决问题，并在实践中运用所学内容，使学习变成发自内心的活动。"深度学习"，即学习者积极地探究、反思和创造，而不是反复记忆，在"理解学习的基础上，学习者能够批判性地学习新的思想和事实，并将它们融入原有的认知结构中，能够在众多思想间进行联系，并能够将已有的知识迁移到新的情境中，做出决策和解决问题"。三是"独立学习"，学生在学习过程中逐步摆脱对教师的依赖，自主选择、自主思考、自主提问、自主领悟。如果经过学生个体思考可以习得、领悟的学习内容，应该依靠其个人能力独立完成。

在罗黔平老师的教学案例中，我高兴地看到了她的成长，高兴地看到了她将课堂还给学生，而学生在她的启发、点拨下，积极、主动、快乐地学习语文。

罗老师的课堂干净、简洁、清晰，教学设计富有张力，针对性和启发性强。如对"早生华发"中"早"字的探究就很有意义；在执教《奥斯维辛没有什么新闻》时，"在圆明园遗址上重建一个圆明园怎么样"的思考中，学生深切理解"奥斯维辛"存在的意义；《涉江采芙蓉》中，罗老师并没有停留在主人公是谁的多重解读，而是深入文本一层——"哪一种解读最能体现诗歌'同心而离居'的悲伤"。这些问题的设计体现了罗老师创造性地"教"，同时也是引导学生进行深度学习，并在学习中实践，如学习鲁迅先生的语言，仿写一段话；学习梁思诚的建筑学术语，仿写一段介绍古建筑的文字……"少教多学"是罗老师教学的一大亮点，以一个"忧"字串起了《涉江采芙蓉》的教学，寻找反常现象这一设计让学生的情感在"奥斯维辛集中营"中"痛苦挣扎"，围绕苏轼如何进行人生突围去挖掘《念奴娇·赤壁怀古》中所表达的复杂情感。教师讲得少，学生学得多、学得深，语文的基本素养落实到一个个教学环节中，在"薄积"后喷发而出。

希望罗黔平老师在未来的教学之路上，永葆初心，再接再厉，以昨天为基石，以今天为起点，以明天为目标，不辍耕耘！

代泽斌

2020. 5. 1

# 前　言

　　长期以来，语文课堂饱受"低、差、慢、费"和"高耗低效"的诟病，特别是20世纪90年代《北京文学》发表的洪禹平教授的文章《误尽苍生是语文》，引起学界震动，也激起同仁的反思。二十多年来，各家各派都在这条路上苦苦探索，语文教学发生了极大变化，我也常常思考，一堂好的语文课的标准是什么？

　　教育心理学家加涅说过"为学习设计教学"，作为教师应厘清"谁学习""谁设计""怎样设计"等问题。学习者是学生，这是毫无疑问的，但作为教师的我们真的意识到这一简单而朴素的道理了吗？我看未必。我们有时总是只按照自己认为的难点、要点设计教学，学生总是处于被动状态，被动地接受知识，被动地思考，似乎我们的语文课堂是为了完成某个任务而存在的；似乎我们的语文课堂是为了讲清一个答案或传授一点知识而存在的，学生的思维发展、学生的审美鉴赏、学生的探索发现……被磨灭了、被压抑了、被钝化了。要知道，缺少学生参与的课堂是没有生气的课堂，缺少学生思考的课堂只是教师一个人的独角戏。

　　苏霍姆林斯基说过："真正的课堂应当是一个积极思考的王国。"教师要用自己丰富的学识和教学智慧，激活学生的思维，培养学生的思维能力，提升学生的思维品质，让学生养成善于思考、勤于思考的习惯，正如爱因斯坦所说："要把发展独立思考和独立判断的能力始终放在首位。"因此，我认为，语文课堂就是让学生"动"起来，让学生动口、动手、动脑、动心，只要学生"动"起来了，这节课就成功了一半，因为在"动"中，学生就会有所得，而在一课一得的量的积累上，学生的语文素养才能有质的飞越。

动口读，动嘴说。余映潮老师说过："没有朗读的语文课只是课，不是美的语文课，老师必须与学生一起美美地听，美美地读。"语文课应该有琅琅书声，学生在抑扬顿挫的声音中培养语感，陶冶情操，体悟"弦外之音"，正所谓"熟读深思子自知""文章读之极熟，则与我为化"。关于"说"，教师可以设计让学生对文本内容进行复述，或"说"文本中留白的部分，如描述《采薇》中士兵归乡后的所见所闻，描述宝玉摔玉时黛玉的神态和心理等。"说"是思想的外化，"动口"使学生渐渐地学会"说"得有条理、有文采、有深度。

动手写。每节语文课都应让学生写点东西，至于写什么、写多少，根据所教文本，教师可创造性地设计写作内容。如选自《诗经》的古诗都是以第一句作为诗的标题，教师可让学生另拟一个标题；《故都的秋》从四个角度写秋的特点，也可就此仿写《家乡的秋》；学了《赤壁赋》《念奴娇·赤壁怀古》后，可以让学生给苏轼写一段话；学了《中国建筑的特征》，可收集一些古建筑用语来介绍熟知的仿古建筑……所写内容紧贴文本，既是对文本的深化，也是对文本的拓展。叶圣陶说过："阅读是吸收，写作是倾吐，倾吐能否合乎法度，显然与吸收有密切关系。"也可以说，学生"写"得如何，是"教"得如何、"学"得如何的体现与检验，只有充分调动学生的积极性，才能经得起检验。

动脑思考。教师所面对的是一个个朝气蓬勃的学生而不是工厂里冰冷的机器；教师所教授的是有思想、有自我意识的人，而不是工厂中一个模子生产出来的产品。教师教学所提出来的问题一定要有张力并给足学生思考的时间。有的教师往往在课堂上急不可待地将课前预设的东西一股脑地灌输给学生，也不管学生是否接受，学生是否还有别的思考。其实很多时候并不是学生不思考，而是教师抢夺了学生的话语权。相信学生，尊重学生，会收获不一样的精彩。"茹志鹃的小说《百合花》有点像一个爱情故事"……从这些看似"离经叛道"的问题中，我们看到了学生思考的力量，可以说，学生的这些疑惑也为教师的教学打开了另一扇窗，且别有洞天。

动心。"在心为志，发言为诗，情动于中而形于言"，可见，文学作品以情感贯穿始终，而语文课的最高境界应是学生在掌握必要的语文知识的同时，心弦也被拨动，与作者产生跨越时空的共鸣：与王羲之一起游目骋怀时感今追昔，与归有光一起在老屋中偃仰啸歌，与朱自清在月下荷塘从不平静走向平静，与史铁生在地坛从无助与困顿中走向坦然与奋发……

当然这"四动"并不是完全割裂开来的，而是在教学的各个环节互相交融的，只有让学生"动"起来，教师的预设不仅能最大限度地呈现，还能生成有价值的成果，以"少教"达到"多学"的目的。

如何让学生"动"起来，教师必须从学生的实际出发，可采用"先学后教""以学定教"的方法。教学不能脱离学生实际，教师不能一厢情愿地设计教学，要"目中有人"，因为，一旦教师的"教"离开了学生的"学"，不以学生的"学"好、好"学"、乐"学"为目标，这样的语文课是没有灵魂的。

基于以上思考，笔者在教学中努力将人文性与工具性贯彻到语文教学实践中，让学生在听、说、读、写中提升语文核心素养，现将这一教学理念呈现在《高中语文课堂教学实践与探究》一书中。本书第一部分是阅读教学，第二部分是作文教学，第三部分是复习课教学，第四部分是曾发表的三篇文章。阅读教学部分所选十篇文章，篇目涵盖诗歌、散文、小说、戏剧、新闻、说明文几种文体，特别提出的是，"古人讽谏的艺术"群文阅读教学获得 2019 年省级优质课一等奖并被教育部评为优课，也是笔者对群文阅读教学的尝试；作文教学实录四篇，是根据学生写作实际困难而设计的切实可行的教案；针对高考复习课盲目性、随意性等问题，本书还专门收录了两节复习课教学实录。在前三部分共十六篇教学实录之后，还附上"备教感悟"，这是笔者对教学从实践到理论的点滴总结。

在成书过程中，得到同仁的大力帮助，特别感谢"国家特殊支持计划领军人才""万人计划"国家教学名师代泽斌老师的关心与帮助。由于本人水平有限，本书难免存在疏漏与不足，恳请读者指正。

（代泽斌简介：省管专家、教育部教师发展基金委员会特色学校先进个人、教育部课题研究先进工作者、省政府特殊津贴、"国家特殊支持计划领军人才"和"万人计划"国家教学名师，2018 年担任教育部普通高等院校师范专业认证专家）

罗黔平

2020. 5. 9

# 目　录
## CONTENTS

**阅读教学** ................................................................ 1

《采薇》教学实录 ................................................................ 3

《涉江采芙蓉》教学实录 ................................................................ 13

《念奴娇·赤壁怀古》教学实录 ................................................................ 24

《大堰河——我的保姆》教学实录 ................................................................ 37

《记念刘和珍君》教学实录 ................................................................ 47

《奥斯维辛没有什么新闻》教学实录 ................................................................ 62

《祝福》教学实录——于无声处响惊雷 ................................................................ 73

《中国建筑的特征》教学实录 ................................................................ 84

"古人讽谏的艺术"教学实录 ................................................................ 97

《雷雨》教学实录 ................................................................ 111

**作文教学** ................................................................ **125**

开篇破题　落笔生花——如何写好材料作文开头 ................................................................ 127

手持彩练当空舞——如何使议论文写得深刻而有文采 ................................................................ 138

天光云影共徘徊——议论文写作中的记叙 ................................................................ 148

善于思辨　学习辩证分析 ................................................................ 159

**高考复习教学** ................................................................ **171**

配角也精彩——小说中次要人物的作用 ................................................................ 173

压缩语段之下定义 ······················································ 187


**阅读教学探究** ························································· **203**

让阳光照进每一扇窗——浅谈语文教学中的情商教育 ············· 205

语文课堂应从"美的发现"走向"发现之美" ······················· 213

三读三问,让学生真正成为课堂的主体 ····························· 218

# 01

## 阅读教学

# 《采薇》教学实录

**教材分析**：《诗经·采薇》是人教版高中语文必修二第二单元《〈诗经〉两首》的第二首诗。本单元的单元提示指出：先秦到南北朝时期的诗歌在思想内涵和艺术成就上都堪称后世诗歌的典范，学习时要反复吟咏，体会诗歌的情感，同时还要注意创作手法和节奏。诗歌以戍卒的口吻叙述了戍边、争战、归乡的经历，表达了复杂的情感，单元提示为我们学习本诗指明了学习的方向。

**学情分析**：高中一年级的学生已经有了初中学习古文的基础，也学过《蒹葭》，对《诗经》的艺术手术有所了解，以及在必修一中学习了《沁园春》《雨巷》《再别康桥》三首诗歌，初步具备鉴赏诗歌的能力和欣赏水平。

**学习目标**：

1. 了解家园之思的文化内涵，以此滋养自己的精神世界。

2. 了解诗歌抒情主人公复杂的情感。

3. 研习文本，培养学生独立阅读、独立思考的能力，并能表达自己的体验感受。

4. 鉴赏诗歌，从诗歌的意境、表达手法等方面对文本进行比较鉴赏。

## 一、导入

师："诗言志"，古往今来的人们用诗歌抒发情感，反映生活。《诗经》是中国现实主义诗歌的源头，它用优美凝练、真诚质朴、一唱三叹的语言，或深情款款地抒发爱恋，或幽怨伤悲地诉说不幸，或痛斥批判当时的社会现实。《采薇》是《诗经》中的名篇，今天，我们一起走进《采薇》，去聆听三千多年前先民的吟唱！

**二、整体感知**

师：老师先做示范朗读，同学们认真听，总体把握诗歌的节奏。

（配乐朗读）

哪位同学来说说，刚才老师朗读《采薇》全诗时，节奏有没有发生变化。

生：诗歌1—3章，节奏舒缓，声音低沉；4—5章，节奏轻快，声音高亢；第6章，节奏舒缓，声音低沉、忧伤。

师：你说说老师为什么这样朗读呢？以什么为依据？

生：以诗歌的情感变化为依据。

师：哪位同学说说诗歌的情感变化是怎样的？

生：1—3节，诗歌的情感是哀伤的，所以读得舒缓；4—5节的情感是昂扬的，所以读得轻快而高亢；第6章的情感是悲伤，所以读得舒缓、低沉。

（这个环节的教学设计，让学生学会通过朗读来表现诗歌情感，同时学会用语言归纳诗歌的情感特点，这样学生就初步从总体上把握了诗歌的情感和内容。）

师：下面同学们从三个部分中任选一章自由诵读两遍，要求读准字音，读好节奏，尽量能通过自己的声音将诗歌情感表达出来。

生自由朗读

（学生自由朗读为归纳诗歌内容的教学做了铺垫）

师：通过诵读，同学们又一次熟悉了课文，下面同学们用一个四字词语归纳出每一部分的主要内容。

生：1—3章归纳为采薇思归；4—5章是疆场思归；第6章是归途之景。

师：其他同学有什么看法？

生：我认为第三部分归纳为"归家之哀"更好。因为诗歌不是在写归家之景，而是通过所见之景写哀情。

生：我认为归纳为"归途忧思"更好，不仅点明了事件，更体现出士兵一路上的心情。

生：我认为第一部分归纳为"采薇思归"很好，从采薇的变化引发士卒思归之情。同样"疆场思归"也概括了诗歌中表现的戍边生活和思归的浓重。

生：诗歌4—5章不应该概括为思归，因为没有写，应概括为"战斗生活"。

师：相互碰撞，才能产生思想的火花。经同学们讨论得出：1—3章写采薇思归，4—5章写战争生活，第6章写归途忧思。

（归纳诗歌内容这一环节，看似平常，但这是让学生又一次走入文本，比前两个环节更加深入文本，再加上让学生对不同的归纳进行对比分析，这实际上是第四次让学生走入文本。学生越熟悉文本，思考才能越深刻）

### 三、赏析诗歌

师：下面我们一起赏析诗歌第一部分1—3章，从内容与表现手法两方面赏析诗歌是如何来写戍卒的思归之情的。

（生思考，批注）

生：内容上，从采薇由"作"到"柔"到"刚"的变化，用戍卒戍边时间之长来体现思归。

生：写戍边生活的动荡不安来体现思归。

师：能具体举例吗？

生："不遑启居""不遑启处""我戍未定"。

生："靡使归聘""我行不来"这些诗句写出没有家人的消息，自己又不能归家，度日如年，思归心切。

生：这首诗采用《诗经》一贯用的重章叠唱的手法。如前三章开始的句子反复叙述薇的生长。

师：（适时追问）这种表现手法有什么好处吗？

生：在反复吟唱中，表达强烈的情感，突出对战争的厌恶、对家乡的思念。

师：这里还用了什么手法吗？

生：比兴，这也是《诗经》常用的手法。以薇草的生长变化生动地表现戍边时间之长，从而引出思乡之情。

师：是啊，"拳拳赤子心，悠悠故乡情"，走过千山万水，走不出魂牵梦萦的故乡，故乡的种子埋藏在游子心房，特别在这种艰苦的环境中，思归之情更浓。

生："忧心孔疚""忧心烈烈""心亦忧止""曰归曰归""靡室靡家"这些诗句直接抒发对家乡的思念和回乡的心切。

生："载饥载渴""王事靡盬"写戍边的艰辛、战事的频繁，侧面烘托思归之情。

师：同学们在这个环节中，学会运用所学的知识来分析诗歌，对诗歌的理解又会更进一步。下面小组合作探究，从内容和表现手法来分析诗歌余下部分，然后展示学习成果。

（扶上马送一程之后，教师要放手让学生自己去探究）

赏析诗歌第二部分4—5章内容：

第一小组展示成果：内容上，诗歌选取雄壮的马匹、高大的战车、整齐的军队、精良的武器等意象侧面体现战斗的激烈。诗歌没有正面写思归。

用设问的修辞手法起强调作用。第一个"彼尔为何？维常之华"强调战场上开着美丽的花。第二个设问句"彼路斯何？君子之车"强调战车的高大。第三个设问句"岂敢定居？一月三捷"强调战争的频繁。

师：为什么要用设问句？为什么要写花？为什么采用侧面手法写战争？

（教师以问题引导学生"知其然，还要知其所以然"）

生：用设问句式，使诗歌语气上和句式上有所变化，不死板。

生：这是棠棣之花。我觉得写战场上的花，表达战士们对美好生活的向往。

生：也写出了战士们乐观的心态。

生：我查过资料，这种花花型小，结成团。这里是采用比兴的手法，写出了战士们同仇敌忾。

（多媒体展示棠棣花的图片）

生：手法上，我觉得是以乐景衬哀情的作用。花那么美，战争却是多么的残酷。

师：同学们的思维很活跃，看来对对比和衬托的手法，大家能掌握了。还有为什么采用侧面描写的手法？

第二小组展示成果：正面描写写出了我军的威严、军容的整齐、军纪的严明，表明这是一支不可战胜的军队，为后面写"一月三捷"做铺垫。采用侧面描写战争显得含蓄，不是血肉横飞的血腥场面，这里有一种诗意美。

第三小组展示成果：侧面描写给人以更大的想象空间。我们组再补充为什么写棠棣花。美丽的棠棣花给血与火的战争带来一缕柔情、一抹亮色、一些希望，它有些像"小桔灯"，像黑白电影《辛德勒名单》中那个穿橘色衣服的小女孩。

师：棠棣花不仅象征团结，还象征希望、乐观、柔情，这些联想都很好。这也是《诗经》常用的比兴手法。

第四小组展示成果：以"叠词"来写战马雄壮，军容整齐，很形象。

师：那就请同学们读出军威，读出国威！

（深入研读诗歌后，学生的情感自然会被激发出来，朗读的感情也更充沛）

师：诗歌的1—3章与4—5章，这两部分的情感是不同的，第一部分战士的情感是悲伤的，第二部分战士的情感是昂扬奋进的，矛盾吗？

生：挺矛盾的，又思家、痛恨战争、又全力以赴、英勇作战。

师：这样写有什么作用？

生：我想这种矛盾心理更体现出战士们的可爱。他们不因个人感情而弃使命于不顾，他们是一群真正的勇士。

生：第一部分写出戍边生活的艰苦，士兵思家心切，敌人又步步紧逼，但就是在这样的恶劣环境中，战士们仍然英勇作战且捷报频传，让我们看到这是一群招之即来、来之能战、战无不胜的军队！

师：说得很好。最后一句的引用很精辟。

同学们，这是一场怎样的战争？正义还是非正义的战争？正义的战争（猃狁之故）。面对外敌入侵，面对艰苦的边关生活，面对随时战死沙场的险境，我们的士兵，抛家舍业，他们不远万里，不怕牺牲，不辞辛劳，最终不辱使命，可以说这是一群"最可爱的人"！而这种精神就是爱国主义精神，是中华民族宝贵的精神财富。三千年前，这一群无名英雄就用他们的行动警告一切入侵者：犯我中华者，虽远必诛！同样，在七十年前，新中国刚成立，面对美帝国主义者，中国人民雄赳赳、气昂昂，跨过鸭绿江，将他们赶出了三八线外，毛主席向世界发出了中国的声音，表明我们不屈外侮的决心。

（PPT 播放毛主席在大会上的讲话视频）

师：同学继续小组合作，从内容、手法上探究第三部分，诗歌最后一章。

第七小组展示成果：

生："行道迟迟""载渴载饥"，写归乡之路因风雪载途而行走缓慢，又加之饥渴、寒冷交迫，所以士卒更感伤悲。

生：去从军时杨柳飘飞，春花烂漫，生龙活虎，如今雨雪霏霏，冰天雪地，伤痕累累，在对比中突出战争带来的痛苦。

师：你的描述不仅有景，还有人，让我们仿佛看到了一个正在风雪中艰难前行的身影。

第六小组展示成果：

生：我们认为不仅是因为季节的变化和饥寒交迫让士卒悲伤。士兵去时风华正茂，回来却两鬓斑白；去时四肢健全，身强力壮，回来却负伤，甚至残疾。青春、身体因战争而耗尽、损毁。

师：为你们组点赞，想象与联想很合理，补充了诗歌的空白。

第四小组展示成果：

生：战争也许还没有结束，或者已经结束，今天虽然"我"回来了，但还有许多战友还在前线浴血奋战，有的或已经长眠于他乡，只能魂归故乡，所以悲。

师：联想合理，很好。你的联想丰富了诗歌的意蕴。

生：时过境迁，一直没有家乡的消息，不知家人如何。

师：唐人宋之问《渡汉江》中所吟"近乡情更怯"就是这种心情，而初中学过的汉乐府诗《十五从军行》，就写一个"少小离家老大回"的老兵家破人亡的悲伤景象。请同学齐读《十五从军行》。

（PPT 展示诗歌《十五从军行》）

师：同学们通过合理的想象与联想丰富了诗歌的内容。这一章采用了什么写作手法？

生：直抒胸臆，"我心伤悲，莫知我哀"。

生：借景抒情。借杨柳飘飞的美景抒发离别的哀伤之情，借"雨雪霏霏"之哀景抒哀情。

师：所学过的诗歌中，乐景衬哀情的诗句还有吗？

生：杜甫的"映阶碧草自春色，隔叶黄鹂空好音"，马致远的"小桥流水人家"。

师：清代王夫之对此诗最末一章写景的诗句做了这样的点评，同学们对此有什么看法？

PPT 展示：

往戍，悲也；来归，愉也。往而咏杨柳之依依，来而叹雨雪之霏霏，以乐景写哀，以哀景写乐，一倍增其哀乐。

生：以春风杨柳、春光灿烂的美景反衬离家之悲，我同意这一看法，例如杜甫的诗句"感时花溅泪，恨别鸟惊心""映阶碧草自春色，隔叶黄鹂空好音"也是以乐景衬哀情。但以风雪交加的严酷寒冬来衬托凯旋之乐，我不太理解这种说法，因为我没有从诗歌中读出战士回家之乐。

生："杨柳"这一意象，在中国古典诗词中，代表离别之情，如柳永的"杨柳岸，晓风残月"，贺铸的"杨柳回塘，鸳鸯别浦"写的都是一种离别的忧伤，并不属于乐景。

生：我认为征战回来，不知家乡怎样，不知家人怎样，此时胜利的喜悦被担忧所替代，纷纷雨雪的天气更能体现归人的愁苦。

师：那么同学们，诗歌将这两种截然不同的景放在这里，又有什么作用呢？

生：我想通过季节的变更来表现戍边的时间之长。

生：通过今昔的对比，来表现时过境迁，时间的流逝，生命的虚耗。

生：诗歌末尾吟唱"我心伤悲，莫知我哀"，可见，不是所有的凯旋都是欢欣喜悦的，战士归来的心情是复杂的。

生：结合整首诗，通过回忆"采薇"，来表现战争生存条件的恶劣，远戍思归之情，以及因战斗的频繁流露出的厌战与卫国的矛盾之情，这样看来，末章的"杨柳依依"和"雨雪霏霏"，更像是借助画面的组合、剪辑，就像电影艺术所采用的"闪回"的手法，将现实与回忆交织在一起，既丰富了诗歌的内容，又有因时过境迁、时间流逝、生命虚耗所带来的悲凉和感慨。

师：你从全诗角度来分析，很有说服力。诗歌将时序"今—昔"、景物"柳—雪"、人生的"往—来"剪辑组合，创造出超越现实的典型画面，短短四句诗，看似平淡，娓娓道来，却充满了强大的艺术感染力，用柳代春，用雪代冬，含蓄内敛又有分量。春之柳，冬之雪，一个温柔地婀娜，一个飞扬着冰冷，同一条路，却已有"杨柳依依"与"雨雪霏霏"之别，而这一切都在这一"往"一"来"的人生变化中生成。

名家对诗歌的评点是我们赏析文本的一个途径，但所谓"尽信书不如无书"，我们不仅要看名家的点评，我们也可以点评名家的评点，读书若能读出一些个人的思想，这就可以养成良好的思维品质。

师：同学们，这首诗在内容上还有一些矛盾的地方，但正因为这些"矛盾"，才创造了这样经典的一首诗。请同学们归纳出来。

生：花象征美好、幸福，诗中的薇，就是现在说的野豌豆苗，开粉色小花，看到它，却让戍边战士感到戍边的艰辛与思乡的愁苦。

师：对，这是矛盾的地方。这里的"薇"代表了苦与愁。

生：强烈的厌战思归与英勇地保家卫国的矛盾心情交织于将士们心中。

生：如果按照王夫之的说法，这是以乐景衬悲情，和以悲景衬乐事，这也是很矛盾的。

师：实际上像这样矛盾的写作方法，在文学作品中很多，比如李白的诗句："今人不见古时月，今月曾经照古人"，诗人用"今月"照"古人"的矛盾，表达对生命短暂的慨叹。同学们，《诗经》在语言和艺术手法上都是后世诗歌学习的典范，是中国文学天地的源头清水。从《诗经》走出来的男子历经沧桑，豁达坚毅，忍辱负重。《采薇》是一首思乡曲，也是一首英雄赞歌，它以最真实的词句，最自然的艺术，拨动着人们的心弦，历经数千年而不衰！

**备教感悟：**

《采薇》是人教版语文必修二第二单元的精读课文，选自《诗经》。本单元处于高一上学期，学习内容为秦朝到南北朝时期的诗歌。这些诗歌在思想内涵和艺术成就上都堪称后世诗歌的典范。通过本单元的学习，让学生体会其蕴含的中华民族精神，为他们形成一定的传统文化底蕴奠定基础。

课堂时间有限，教师应在有限的时间内采用有效的方法实施教学，激发学生思维，使学生在课堂上进行有深度、有广度、有价值的思考。本课内容难度不大，但如何依托文本在文化传承、思维拓展、审美创造上给学生以示范引领，教师必须深入研究文本，形成有价值的、有启发性的课程教学。除了在文本的整体把握上要高屋建瓴，还要在细节处、简单处、关键处、本质处下功夫，这样的课堂才是有意思、有生气、有条理的课堂。例如在看似简单的层次归纳中呈现出不同的答案，学生在探讨、对比后达成共识，将"疆场思归"改成"战斗生活"，将"归途之景"改成"归途忧思"，生生碰撞、生本碰撞使课堂掀起小小高潮。

课堂教学的有效性只能靠问题驱动，教师通过高质量的问题来引导学生深入思考，搭建起师生互动的桥梁，学生通过跨越桥梁从而获得思维的提升。诗歌第一部分的情感是悲伤的，第二部分的情感是高昂激越的，为什么会有这样的变化？作用是什么？教师的追问，引领学生的思维渐渐走向深入。学生从戍卒的感叹与哀伤中读出被迫卷入战争的无奈，但面对敌人的入侵，他们又积极地、义无反顾地投身到这场旷日持久的卫国战争中来，他们不怨恨君子坐车，反自豪军容的整齐，军备的精良。在悲与喜的对比中，诗歌展现出抒情主人公不远万里、不辞辛劳、不负使命、舍私为公的爱国情怀，学生的心灵受到洗礼，他们深切地感受到中华民族生生不息的爱国情怀，早在两千多年前就已经根植于炎黄子孙的血脉中。由此，诗歌的主题得以彰显，人物形象更加丰满。

教学要走出"教教材"的照本宣科的藩篱，践行"用教材教"的语文教学理念，学生学的不只是一篇，而是要学会一类。最后一章的教学中，学生对名家点评提出了疑问，并给出了有理有据的分析、判断，从记忆、理解的低阶思维走向分析、评价的高阶思维。从某种意义上说，真正的学习不是知识的增长，而是思维的发展，将已有知识上升为提出问题、解决问题的智慧。凯旋，并没有"载欣载奔"的喜悦，而是"莫知我哀"的伤痛，思乡恋家的个人情怀与为国杀敌的责任担当，迎风的鲜花与血腥的战场，一组组矛盾，使诗歌的主题、形象得以彰显。而这种艺术手法在文学作品中广泛运用，我将此作为拓展延伸，给学生一把阅读的钥匙。

余映潮老师说过："没有朗读的语文课只是课，不是美的语文课。语文课，老师必须与学生一起美美地听，美美地读。"《采薇》一诗情感丰富，变化有致，通过读更能感受战士思乡的悲伤、奋战的昂扬和归家的惆怅，是一篇很好的朗读材料。

# 《涉江采芙蓉》教学实录

**教材分析：**古诗《涉江采芙蓉》是人教版必修二第二单元（先秦到南北朝的诗歌）《古诗三首》中的第一首，选自《古诗十九首》。《古诗十九首》在中国古代诗歌的艺术手法上起承前启后的作用，在高中语文古诗教学中也起着承前启后的作用。这首诗从字面上看难度不大，但情感变化跌宕多姿，对于抒情主人公可多角度理解，这是教学中的重点和难点，教学中应鼓励学生做个性化解读。但此诗"对写"或说是"悬想"的艺术手法对后世的诗歌，特别是唐诗有深远的影响，因此，本诗的学习也为进入必修三唐代诗歌的学习打下良好的基础。

**学情分析：**小学、初中都学习了大量的诗歌，但之前的学习偏重于听教师的讲解，多属接受性学习，对古诗的理解多处于感性和直观阶段。而高中的诗歌教学，教师必须充分调动学生固有的知识，使其主动渗透到诗歌情感中去，在质疑、讨论、交流中学习，而这也是高一学生必须渐渐养成的学习习惯。

**学习目标：**

1. 能饱含深情地朗读诗歌。

2. 立足文本，多角度解读诗歌。

3. 理解诗歌的意象和情感，探究诗歌的表现手法。

**学习重点：**立足文本，多角度解读诗歌。

**学习难点：**理解抒情主人公深重的离愁别绪。

**一、导入**

师：中国是诗的国度，古往今来的诗人燦若星辰。请同学说一说各自喜爱或熟悉的诗人。

生：李白。

生：杜甫。

生：李清照。

师：李白、杜甫、李清照，他们是诗人中的诗人、高峰中的高峰。不过在中国历史上也有一些诗人，虽然他们的名字已经不可考证，但他们却在中国文学史上留下了浓墨重彩的一笔，他们的诗歌光照千秋，《古诗十九首》就是诗歌中的典范之作。老师为什么这么说呢？

PPT 展示：

《古诗十九首》在文学史上的地位

1. 五言诗成熟期的代表作。
2. 刘勰《文心雕龙》"五言之冠冕"。
3. 钟嵘《诗品》："惊心动魄，可谓几乎一字千金。"
4. "千古五言之祖"。

（生齐读）

师：今天我们一起来学习其中的一首诗《涉江采芙蓉》。

**二、初步感知**

师：学习一首诗歌，首要的方法就是诵读。诵读诗歌要注意读准字音，读出节奏。本诗是五言诗，五言诗的节奏是"二一二"字格式或"二三"字格式。同学们根据本诗的内容，看看用哪一种节奏来读能更好地抒发情感？

生：我认为用"二一二"的节奏，强调诗句中的第三个字"采""多""望""漫"等字的作用。

生：我认为用"二三"字格式更好，这样后三个字连缀起来读，节奏舒缓，这样更符合诗歌的感情。

师：同学们都说得很有道理。老师赞同第二个同学的意见，采用"二三"字格式能更好地抒发诗歌情感，因为"二一二"字格式节奏感较强，而"二三"字格式的节奏要舒缓些。不过，第三个字要读得舒缓、拖长一些，做到声断气不断。

（师做示范性朗读）

师：下面同学们自由诵读两遍，力求一遍比一遍读得好。

（生自由朗读）

师：请一位男同学来给大家诵读一遍。

（男生读）

师：这位男同学的音质很好，声音也很洪亮，读得稍稍快了一些。

师：请一位女同学来给大家诵读一遍。

（女生读）

师：这位女同学读得有很感情，特别是"漫浩浩""忧伤"采用气断声连的方法，这两处读得特别有感情。


### 三、整体感知诗歌

师：这是一首五言诗，请同学们依照事例，将五言句改成四言句。

PPT 展示：

将诗歌五言句改为四言句，要求改写的诗句尽量典雅，有诗的韵味。

例如：涉江采芙蓉——渡过江水，采摘荷花。

师：请同学们展示改写成果。

生：渡过江水，采摘芙蓉。兰草泽畔，芳草鲜美。

回头遥望，故乡茫茫。路途遥远，无边无际。

精挑细选，赠予何人？所思之人，漂泊异乡。

一种相思，分隔两地。无限忧伤，孤苦终老。

师：语言典雅，"芳草鲜美"出自陶渊明的《桃花源记》，用得恰当，也体现了这位同学的想象之丰富。原诗是"还顾望旧乡"，改写成"故乡茫茫"，这位同学是将此诗读透了，"茫茫"二字体现"故乡"的遥远与抒情

15

主人公心中的迷茫，"孤苦"丰富了原诗"终老"的内涵。

生：渡过江水，采摘芙蓉。兰生沼泽，芳草萋萋。

手持芙蓉，所赠何人？深念之人，远在天涯。

凝眉回望，旧乡何处？山长水远，浩浩汤汤。

同心同德，离居两地。忧伤无限，终老无望。

师：哪位同学来点评一下这段改写。

生：引用的词语"芳草萋萋""山长水远""浩浩汤汤"使改写的内容语言典雅，特别是"凝眉回望"的神态描写、细节描写，使诗歌中的人物形象生动可感。

师：下面老师也展示自己所改写的四字句，请同学们齐声朗读。

PPT 展示：

> 渡过江水，采摘荷花。兰泽之滨，芳草萋萋。
>
> 手摘莲花，赠予何人？思念之人，远在他乡。
>
> 回头遥望，故乡悠悠。长路渺渺，绵延无尽。
>
> 心在一处，人却两地。同种愁苦，忧伤终老。

师：通过改写，同学们更深入地掌握了本诗的内容，领悟了本诗的情感。刚才我们介绍过钟嵘对《古诗十九首》的评价："惊心动魄，可谓几乎一字千金。"在刚才的改写中，同学们认为这首诗"惊心动魄"吗？

生：没有感到"惊心动魄"，这首诗所叙述的事没有让人紧张的感觉。

生：这首诗只有一种淡淡的哀伤而已。

师：同学们同意他们的意见吗？（同学都点头表示赞同）那么，钟嵘的评价就是错误的啰？这个错误一错就是千年啊！我们的同学敢于表达自己的观点，这很好啊！不过，我们得重新认识"惊心动魄"这个词。

PPT 展示：

> 惊心动魄——后指使人惊骇紧张到了极点。
>
> 原指文辞优美，意境深远，使人感受极深，震动极大。

师：可见，"惊心动魄"是个古今异义词。诗歌"使人感受极深，震动很大"，使人的什么受到震动？

生：心灵、情感。

师：那么请同学们在诗中找出最能体现本诗情感的一个词。

生：思。

师："思"是动作，不是表现情感的词语。

生：忧伤。

师："忧伤"就是本诗的"诗眼"。

PPT 展示：

诗眼——一篇诗词的主旨所在

师：下面同学们再一次回到文本，小组合作，仔细研读，思考"谁在忧伤"？

生：我认为是一个女子和一个男子在忧伤。女子渡过江水，采摘芙蓉，想送给男子——她的丈夫，但却无法送出。然后是远在天边的丈夫回望故乡，但长路漫漫、渺茫。最后他们共同吟唱：同心而离居，忧伤以终老。

生：我们组的观点和他们的不同。我们认为是一个远行的游子在忧伤。因为一般是男子送花给女子。男子采摘芙蓉，想送给远在旧乡的妻子，然后他回头遥望故乡的方向，长路漫漫，于是无奈地感叹：同心而离居，忧伤以终老。

生：我们组认为是女子在忧伤。女子采摘荷花想送给远方的游子，但却无法送出，因为游子远在异乡。于是女子就想象男子正在远方长途跋涉，男子驻足回望故乡。于是女子感叹：同心而离居，忧伤以终老。

师：女子见不到游子——她的丈夫，于是女子想象丈夫的行为。那么，还有没有另一种可能，整首诗写的都是两个人的想象呢？

生：远在异乡的男子想象旧乡的妻子去采摘芙蓉，想送给自己，但却送不出去，长久地伫立在水中自言自语。而在家中的妻子想象远在异乡的丈夫，因思念自己而回望故乡，无奈长路漫漫，最后两人各在一地，却情发一心，同时感叹：同心而离居，忧伤以终老。

师：对于"谁在忧伤"的疑问，同学们给出了四种不同的解读，其实还不只这四种解读。当代著名文艺理论家马茂元也对此诗做了另一种解读，感兴趣的同学课后去查阅相关资料。针对这四种解读，同学们认为哪一种最能体现诗中抒情主人公的深情？

生异口同声：第四种解读。

生：我觉得第四种解读，男子想象女子采莲时思念自己，同时女子因思念而想象男子在远方思念自己，这种虚写的方法最能体现彼此的相思之情。

生：诗歌中的两位抒情主人公并没有真正出现，我觉得这种写法写出了因爱对方而完全忘记了自己的存在，他们都全心全意地深爱对方。

生：第四种解读，没有说自己思念对方，说对方思念自己，其实用虚写的手法也写出了自己思念对方，这样写使我觉得这种思念之情是双倍的，又是双向的。

生：我觉得第四种解读通过想象来表达思念之情，显得含蓄而意味深长，感情深沉而持久。

师：对，虽然对这首诗的抒情主人公是谁有多种解读，但当我们回到诗歌本身，再一次深入诗歌的语言、情境、情感中去时，你会找到自己的答案。因为第四种解读最能体现诗歌的抒情主人公的真意。那么诗中哪一个词代表抒情主人公的真意呢？

生：同心。

师："同心"，这种情感是相互的、双向的，不是单相思，是你心中有我，我心中有你，是全心全意地爱着对方，几乎忘记了自己。同学们能引用哪些诗句来解读"同心"吗？

生：在天愿作比翼鸟，在地愿为连理枝。

生：执子之手，与子偕老。

师：同学们齐读。

PPT 展示：

> 在天愿作比翼鸟，在地愿为连理枝。
>
> 身无彩凤双飞翼，心有灵犀一点通。
>
> 得成比目何辞死，愿作鸳鸯不羡仙。
>
> 　一种相思，两处闲愁。

师："同心"是"在天愿作比翼鸟，在地愿为连理枝"的忠贞与永恒，是"身无彩凤双翼，心有灵犀一点通"的心心相印，是"愿作鸳鸯不羡仙"的朴素与平凡，还是"一种相思，两处闲愁"的无奈。

**四、拓展提升**

师：诗歌之所以能将这种深植于心的情感表达得淋漓尽致、感人肺腑，是源于诗人高超的艺术手法，这种艺术手法叫对写、虚写或悬想。而这种手法同学们在小学就学过。

PPT 展示：

《九月九日忆山东兄弟》　　　　《邯郸冬至夜思家》

王维　　　　　　　　　　白居易

独在异乡为异客，　　　　　　邯郸驿里逢冬至，

每逢佳节倍思亲。　　　　　　抱膝灯前影伴身。

遥知兄弟登高处，　　　　　　想得家中夜深坐，

遍插茱萸少一人。　　　　　　还应说着远行人。

师：找出两首诗中采用了对写的艺术手法的诗句。

生：遥知兄弟登高处，遍插茱萸少一人。

生：想得家中夜深坐，还应说着远行人。

师：其实这种手法还运用在歌词中。

PPT 展示：

《十五的月亮》MTV（董文华）

师：这首歌的歌词中怎样用对写的艺术手法？

生：中秋之夜，在家乡的妻子想象丈夫守卫边关的情景，丈夫也想象妻子在家劳作的情景。

师：对写或说悬想、虚写的手法的运用，使表达含蓄而隽永，丰富了诗歌的形象，扩大了诗歌的意境。

## 五、深入主旨

师：下面同学们再一次走进文本，研讨抒情主人公为什么而忧伤？

生：因为时局动荡，阻塞了仕途，男子为求取功名四处交游，背井离乡，他们夫妻分离而忧伤不已。

PPT 展示：

亲小人，远贤臣，此后汉所以倾颓也。先帝在时，每与臣论此事，未尝不叹息痛恨于桓、灵也。

《出师表》

举秀才，不知书；举孝廉，父别居。寒素清白浊如泥，高弟良将怯如鸡。

东汉民谣

师：这种情况在诗中用哪个词来表达？

生：离居。因为"终老"都不得见而忧伤。

师：同学们想象一下他们各自将如何"终老"？

生：孤独、凄凉地终老。

生：贫病交加中终老。

师：他们的坟冢是什样子？

生：小小的土丘，是一座孤坟。

师：其实以上这些情况都不算最使他们忧伤的，同学们再深读本，特别是最后两句。

生：因为同心而离居到终老，所以他们忧伤。

师：将"而"字换成另一个字，表达会更清楚。因为古汉语中的"而"可表递进、并列、假设、转折、承接等含义。

生：同心却离居到终老，表转折。

师：为什么在离居、终老的基础上加上"同心"二字，更显悲伤？

生：如果彼此不相爱，或者只是单相思，离居到终老也无所谓，但是两个相爱的人却离居到终老。

20

师：很好。他们离居不是三年五载、十年八年，而是一辈子在孤单寂寞中终老。同学们，中国古代著名的爱情悲剧"梁山伯与祝英台"与我们的主人公相比，哪一对更可怜？我觉得，如果说"梁山伯与祝英台"是悲剧，那么"涉江采芙蓉"就是"悲剧中的悲剧"，因为梁祝还可以以化蝶的方式相聚相守，就连上一篇课文中的刘兰芝与焦仲卿最后也得以"合葬"，可我们的抒情主人公呢？生不相见，在没有希望中仍然相守；死不同穴，在孤单寂寞中永不瞑目。这是何等的坚贞，又是何等的不幸！诗歌虽仅用"同心""离居""终老"六字，但当这六字叠加在一起时，却产生震撼人心、动人心魄的艺术魄力，难怪钟嵘评价《古诗十九首》"惊心动魄，几乎一字千金"。

（教师深情地讲述）

师：下面请同学们饱含深情地朗读这首诗。

（生在《思乡曲》的音乐中深情地朗诵《涉江采芙蓉》）

当学生朗诵完《涉江采芙蓉》，教师接着饱含深情地朗诵《涉江采芙蓉》，曲声哀婉，教师声音凄楚，当教师朗诵完时，一声长长的叹息，回荡在教室！

师：老师不由自主地为这对相爱却永远分离的有情人发出一声长长的叹息，这一声叹息，从古叹到今，从中叹到外。（师配乐朗诵）

PPT 展示：

屈原说："悲莫悲兮生别离。"

叶嘉莹（95 岁）（中国古典文学研究家）说："死别往往是一恸而绝，而生离是在你的有生之年永远要悬念，要悲哀。"

泰戈尔说："世界上最远的距离//不是生与死的距离//而是我站在你面前//你不知道我爱你

世界上最远的距离//不是我不能说我想你//而是彼此相爱//却不能够在一起"

生："世界上最远的距离//不是生与死的距离//而是我站在你面前//你不知道我爱你

世界上最远的距离//不是我不能说我想你//而是彼此相爱//却不能够在

一起"

在幽怨的氛围中下课铃响！

**备教感悟：**

《涉江采芙蓉》选自《古诗十九首》，诗歌语言质朴，内容晓畅，但内涵深，同时要让信息时代的学生理解不能相见的伤悲，这是教学的难点与重点。"水尝无华，相荡乃成涟漪；石本无火，相击而发灵光"，所以，要想上一堂成功的语文课，教师需要精心设计来调动课堂气氛，激活思维火花，从而促进师生之间、生生之间的情感交流与碰撞。

首先，我抛开逐字逐句讲解的方法，设计了一个小活动，让学生将五言句改成四言句，并要求学生尽量用诗化的语言，这样学生在改写中感受诗歌的情感与意境，不仅是用文字在描绘诗歌中的画面，更是用心灵在感悟抒情主人公千回百转的情感，在想象与联想中丰富抒情主人公的形象。改写除了遵循诗歌内容，遣词造句上有很大创造性的空间，学生的理解能力、表达能力得到了训练与提升。

理性地理解诗歌是很容易的，如何使高中学生与文本产生共鸣？这是诗歌教学的重点与难点，针对本诗我抓住"忧伤"来统摄整堂课：谁在忧伤，怎样表达忧伤，为什么忧伤。用这三个问题串起了教学的整个过程，且层层推进，而在各个问题的思辨探究中，又彼此关联，互相印证，学生在往深处思考的过程中，在一种涵容整合的状态下，建构了整体认知和系统把握文本的能力，也让学生的思考与思辨变得充盈。学生再次深入文本，从看似简单的诗句中去琢磨语言，对"谁在忧伤"这个问题，学生的思维极其活跃，他们找到了四种解读，但哪种解读才是最贴近诗歌本身呢？课堂上学生第三次深入文本，咀嚼字词，从看似平常的词语"同心"二字中去挖掘诗歌的意蕴，最后确定其中一种解读最能体现诗歌所抒发的情感。

在针对"为什么忧伤"这个问题时，学生的理解比较表面，只从背景入手，认为是"动荡的社会、战争、追求功名……"这是我们通常采用的"知人论世"的阅读方法，除此之外，不能忽视对文本本身的解读，即"文本解读法"，文学的意义不应该脱离文本本身，于是我提醒学生抓住诗歌中直接抒情的句子仔细品味，层层深入，抽丝剥茧，从"离居"，到"终老离居"，再到"同心却终老离居"，悲情通过看似平淡的语言层层叠加，却产生了令人难以承受的伤痛。在此基础上，我举出我国古代两大爱情悲剧《梁山伯与祝英台》《孔雀东南飞》的主人公，将他们与本诗的主人公做对比，信息时代的中学生终于明白抒情主人公伤悲的深、重、悠长。语文教学不仅需要教师有丰富的知识，还需要教师有智慧，而智慧的起点就是思考，语文教师就是要学会思考。《涉江采芙蓉》从表面上看是一首十分简单的诗歌，情感单一，就是忧伤；文字简单，几乎没有生僻字，但正是这种"简单"，彰显了执教者的学科专业素养。我认为，要体现语文学科的核心价值，就要用语文的方法教语文，用语文的思维思考问题，在"语言"与"文字""文学"之间架起一座桥，所以，我用前人对此诗的点评为切入点，特别是针对钟嵘的点评设疑，更是激起了学生学习诗歌的兴趣，从而使教学走向深入。

多媒体辅助教学在本课中发挥重要的作用。例如，《思乡曲》悠悠的曲调、《十五的月亮》的绵绵情思、一颗跳动着的红心、中外爱情诗歌等的适时运用，有助于调动、激发学生的情感，使之与诗歌产生共鸣。

# 《念奴娇·赤壁怀古》教学实录

**教材分析**：讲楚辞必定说屈原，讲唐诗必定说李杜，讲宋词当然必说苏轼。北宋的词风到了苏轼才有了格局的变化，正是他将词从花间引向人间，将诗入词，才提高了词的文学地位。作为豪放派的代表作《念奴娇·赤壁怀古》是一篇集写景、抒情、咏史、议论于一体的怀古豪放词。词人面对明月、大江，追怀古人，思想内涵复杂深刻，加之艺术手法精湛，创作风格独特，是一篇优秀的鉴赏教材，以这样的作品去培养学生的鉴赏能力，是非常合适的。

**学情分析**：学生并非第一次接触苏轼的文章，初中学过《水调歌头·明月几时有》，高中必修二收入《赤壁赋》，本文收入在必修四第二单元，之后还有一篇苏轼的小词《定风波·漠听穿林打叶声》，所以同学们对苏轼此人与其文并不陌生。学生对《三国演义》中火烧赤壁的情节较为熟悉，对豪放词风也有所了解，且具备一定的诗歌赏析能力，这对赏析本文大有裨益。但由于中学生认知、经历的局限性，所以对复杂的情感难于理解，对本词的写作手法也较陌生，这是教师在教学中应充分考虑到的。

**学习目标：**

1. 初步了解豪放词，在诵读中体会豪放词的风格。

2. 品味鉴赏诗歌语言，并学会通过诗歌意象，把握诗歌情感。

**学习重点**：感受作者豪放的词风及乐观豁达与忧愤愁苦相交织的复杂心情。

**学习难点**：了解作者"儒道互补"思想在诗歌中是如何体现的。

# 第一课时

## 一、激趣导入

师：根据学案以及你们从其他方面的了解，请同学们说说你所了解的苏轼是个怎样的人？

生：大书法家，大文学家，"唐宋八大家之一"。

生：还是个美食家，有以他名字命名的菜名——"东坡肉""东坡肘子"。

生：他是个实干家。在做地方官时，他兴修水利，如"苏堤"；在海南时，还做了许多造福于民的事。

师：你的视角很好，而且用了一个现代的词"实干"，我们知道"空谈误国，实干兴邦"。

生：苏轼有满肚子的"不合时宜"，屡遭贬谪，但我认为他是一个政治家，因为他关心民众，指摘朝政。

师：我想正是因为他满肚子的"不合时宜"，才更体现出他在政治上积极入世的思想。

生：苏轼命途多舛，但他却是个乐观的人。

……

师：这些都是同学们根据收集到的资料推测的，下面是林语堂先生对苏东坡的评价。

（生齐读）

PPT展示：

他是一个秉性难改的乐天派，悲天悯人的道德家，黎民百姓的好朋友。

他是一个大文豪，新派画家，伟大的书法家。

他是一个酿酒实验家，水利工程师。

他是一个假道学的反对派，瑜伽术的修炼者，佛教徒。

他是一个士大夫，皇帝的秘书，饮酒成瘾者。

他是一个心肠慈悲的法官，政治上的坚持己见者，月下漫步者。

请问，他是谁？苏轼。诗文词赋、绘画书法，皆臻化境。工程建筑、农田水利、教育、音乐、医药、数学、金石、美学、烹饪等方面也都取得了重要成就。

——林语堂《苏东坡传》

师：那么苏轼认为自己是什么样的人呢？

PPT展示：

苏轼是个怎样的人？他的偶像是谁？

（生茫然……）

师：看文本，答案就在诗歌里。

生：他是个"多情"的人，诗中写"多情应笑我"。

师："多情应笑我"就是"应笑我多情"，可见他认为自己是个"多情"的人。第二个问题，作为公认的中国古代第一大才子，他的"偶像"是谁呢？

生：周瑜。

师：对，知道从文本中找答案。苏轼多的是什么情？周瑜有什么非凡之处，让苏轼如此羡慕？让我们一起走入黄州，走近苏轼，看看从巅峰走向峰谷的苏轼，是如何实现人生的突围的。

PPT展示：

苏东坡如何突围？

## 二、解密苏东坡的"第一次突围"

下面同学们齐读诗歌，要求读准字音，读好节奏（学案中有节奏划分）。

（生齐读）

师：淘、酹、纶、樯、华同"花"，读准这些字的读音。下面老师做示范朗读。

（师配乐朗读）

师：请各小组思考讨论，哪些诗句体现了苏轼的"多情"？由什么引发诗人的多情？多的是什么情？

生：（第一小组学生）我们组赏析"大江东去，浪淘尽，千古风流人物"，作者由滚滚东流的大江想到千百年来的风流人物，引发诗人伤感之情。

师：概括很简洁。作者面对大江，为什么想到风流人物，为什么流露伤感之情？

生："子在川上曰'逝者如斯夫'"，所以"大江东去"指时间流逝，但曾经取得丰功伟绩的风流人物如今已不在了，感慨时间的无情，人都逃不过一死，有丰功伟绩的人都被时间淘洗尽了，更何况作者自己到现在还没有什么功业，又被贬谪到偏远的黄州，所以诗人悲从中来。

师：联系作者的经历才能更好地理解文字背后的情感。这里同学们将作者与风流人物做对比。从这一句中，还可以找出另一组可做对比的意象（用这个词更好概括）。

生：还有"大江"与"风流人物"做对比。

师：同学们在自然与人之间找一个契合点来做比较。

生：自然是永恒的、伟大的，它"淘尽"英雄人物，而人是渺小的、生命是短暂的。

师：这就是诗人悲的深层次原因。这一句开篇，气势宏大而又苍凉悲壮，仿佛携天风海雨而来，作者不仅悲自身功业未成，更上升到对自然与生命、永恒与短暂的思考。那么，苏轼将如何走出人生的藩篱，如何突围以获得新生呢？我们继续往下读。

PPT 展示：

悲→自然：永恒　伟大

人：短暂　渺小

突围→？

生：我们组赏析"故垒西边，人道是，三国周郎赤壁"。作者由古战场联想到周瑜，与上一句的情感不同，诗人转入对周瑜的倾慕之情。

师：从哪里看出是作者的倾慕之情？

生：因为周瑜在赤壁之战中打了胜仗，且千古的风流人物中作者只写了周瑜一人。

师："三国周郎赤壁"，这一句中的三个名词在语法上是并列关系还是偏正关系？

生：偏正关系。

师：这说明什么，人们认为赤壁是谁的赤壁？

生：周瑜的赤壁。

师：周瑜因赤壁而功成名就，赤壁因周瑜而传世，两者相互成全、相互映衬，可见作者的倾慕之情，这是悲还是喜呢？

生：喜。

### 三、壮景与豪情

师：你怎么知道作者是喜悦之情呢？羡慕周瑜的成就就会产生喜悦之情吗？

生：从下文的景和"江山如画"的直接抒情句可以感觉得到作者的喜悦。

师：可见文字的魅力，穿越千年，通过文字，我们与作者相遇了。但是同学们，苏轼由悲而转入喜不仅因为周瑜的功业。上一句作者因感人生的短暂与渺小，自然的永恒与伟大，悲从中来。苏轼将如何突围？答案就在第二句，同学们上下文联系起来思考一下。

生：我们组认为，人的生命虽然是短暂的、人是渺小的，但人的事业、精神可以永恒，就如同周瑜已经故去，但故垒就是他的功业的证明。

师：对，面对永恒的自然，人可以留下的功业和不灭的精神，足以与天地媲美！这才是诗人喜的根源，可以说这是苏轼精神上的第一次成功突围。

PPT 展示：

精神、事业永恒→第一次突围

师：请赏析具体描写古战场的诗句"乱石穿空，惊涛拍岸，卷起千堆雪，江山如画，一时多少豪杰"的小组。

生：上片由古战场联想到很多英雄豪杰，我们读出了一种慷慨激昂之情。

师：怎么理解"一时"？

生：指三国时期。

师：对，三国时期是一个英雄辈出的时代，看到古战场，想到关羽、张飞、赵云等英雄豪杰，诗人在参透人的精神可永恒后，意兴遄飞，豪情万丈。下面希望通过同学们的朗读，把这种情感表达出来。

（生齐读）

师：诗歌怎样体现这种豪情的？

生："穿空"体现了赤壁礁石的高耸与有力，"拍""卷"写出了赤壁之浪的力量之大，借壮景抒豪情。借乱石、惊涛、千堆雪这些大景、有力量的景来抒豪壮之情。

师：这是真的古赤壁战场的景吗？

生：不是，这里是黄州的赤壁矶，只是"人道是"而已。

师：真正的赤壁在湖北蒲圻。但大学士为什么要将错就错呢？

生：诗人只不过是想借这个错误来抒发情感。

师：有句话说是"借他人之酒杯浇心中之块垒"。乌台诗案，苏轼的人生从高峰坠入深渊，从天堂坠入地狱，不白之冤使苏轼心如死灭，但苏轼之所以成为苏东坡，黄州成了他人生的转折点，在这里他完成了自我的救赎与突围，《前赤壁赋》《后赤壁赋》《念奴娇·赤壁怀古》，这著名的"一词二赋"是苏轼这一时期思想的杰作。而赤壁矶的景在"前后赤壁赋"中都有描写，这两篇游记散文，都有纪实的性质。我们可不可以将"乱石穿空，惊涛拍岸，卷起千堆雪"改成《赤壁赋》中所写"清风徐来，水波不兴，山高月小"的真景，可以吗？

生：这几句虽是写实之景，但景比较小，且没有气势。

师：换成"千里烟波，月涌大江，星汉灿烂"，这个景有气势，景象也很宏大，可以换吗？

生：景是大了，但并不是古战场的景象，所以也不行。

师：所以"乱石穿空，惊涛拍岸，卷起千堆雪"并不是为了写大景而写大景，这个景还要能够体现战场的特点。请同学思考这个景怎样体现了战场的景象？

生：我觉得"乱""惊""卷"这几个词正体现战场血雨腥风、势如破竹、流矢乱飞、刀光剑影、惊心动魄的战争场景。

生：穿空之石、拍石之浪、飞溅之花不就像那战场上的千军万马吗？

生：只有这样波澜壮阔、气贯长虹的景象才能衬托出英雄豪杰高大的形象。

师："穿空之石、拍石之浪、飞溅之花"你的语言也气势磅礴。同学们齐读上片，特别是最后几句，把这种激昂之情读出来！

（生齐读）

# 第二课时

## 一、侬本多情

师：齐读下片。

师：诗人的"多情"体现在哪里？由什么引发的？

生：由周瑜功业引出"早生华发，人生如梦"的情感。

师：为什么会产生这种情感？请你们组的同学为大家解读。

生：从学案中的周瑜与苏轼的对比我们发现的。

PPT 展示：

|  | 周瑜 | 苏轼 |
|---|---|---|
| 年龄 | 34 | 45 |
| 外表 | 英俊儒雅 | 早生华发 |
| 婚姻 | 娇妻相伴，郎才女貌 | 发妻早亡 |
| 职位 | 东吴都督 | 团练副使 |
| 际遇 | 功成名就，时运俱齐，春风得意，文武全才，少年得志 | 功业未就，待罪黄州，文弱书生，壮志难酬，年老无为 |

生：通过对比，我们认为诗人虽羡慕但更多的是伤感，所以他紧接着感叹"多情应笑我，早生华发"。

生：在众多三国英雄豪杰中，诗人独选周瑜，他是豪杰中的"风流人物"，不仅英俊儒雅、家庭幸福，而且功成名就、年少得志，这些无不是自己所向往而不得的，面对早生的华发，不由悲从中来。

师：老师想将"早"字换成"已"字，都是上声，音韵平仄上是可以换的。同学们怎么看？

生："已"显示一种状态，没有体现时间上的早晚程度。

师：同学们，我想苏轼不仅是个多情的人，他还是个爱美的人，怕人笑他早生白发。

生：我觉得不是这样的。在他的《江城子·密州出猎》中，他说"鬓微霜，又何妨"，可见他根本不在意早生白发。

师：诗人为什么不在意？

生：那时他作为主持一方政务的太守，正意气风发，两鬓微霜又有什么关系呢！

师：以诗作证，证据充分，是最有力的反证，很好。写《江城子·密州出猎》时苏轼是 42 岁，是"鬓微霜"，而仅隔三年，45 岁的苏轼已生华发。从"早"字能看出作者的情感吗？

生：字面意思是生白发的时间早，看出了作者的忧愁也生得早。

生：虽然作者已生华发，但他却不认为自己已老，所以他说"早"，他还应该有一番作为。

师：是这个理。老师反复诵读，觉得这一个"早"字，意蕴丰富。苏轼觉得45岁还算人生的"早"年，还年轻，所以他说"早生华发"。虽然乌台诗案使他的人生轨迹发生逆转，从人生的巅峰坠入深渊，九死一生，可还不算老的苏轼在黄州能大显身手吗？不能，他是罪臣，连平反昭雪都不敢指望，哪可能有所作为呢？虽满腹经纶却无用武之地，一个看似随意用的"早"字，饱含了诗人多少不可言说的痛楚啊！苏轼又如何实现第二次突围的呢？密钥在哪里？继续往下读。

**二、解密苏东坡的"第二次突围"**

生：解密的钥匙应该是"人生如梦"这四个字吧！"早生华发"表达了功业未成的遗憾。他仿佛在问自己：人生应该有雄心壮志，然而实现不了又该如何？他自己的回答是"人生如梦"。但具体我又说不清楚了。

师：苏轼如何用这四个字来解忧的？请同学们补充下面句子。

PPT展示：

横线上填一组意义相反二字词语：人生的_____如梦。

生：得失如梦、喜悲如梦、成败如梦。

生：苦乐如梦、爱恨如梦。

生：过去与现实如梦。

师：梦有什么特点？

生：短暂、虚空、美梦或噩梦。

生：梦会醒，会结束，会消失。

师：将两个问题的答案联系起来就是：人的得失、成败、苦乐、爱恨都会像梦一样消失，像梦一样短暂，像梦一样虚空。这里体现了先秦哪个学派的思想？

生：道家思想。

师：庄子曾做过一个著名的蝴蝶梦，这个梦体现了一种勘破功名、逍遥自在、觉梦双清的人生追求，这是道家无为哲学的精髓。

PPT 展示：

儒家有为哲学：修身、齐家、治国、平天下

道家无为哲学：勘破功名、逍遥自在、觉梦双清

儒道互补——第二次突围

师：两种看似相对的思想有机地统一在苏轼身上，他"进则儒、退则道"，他既有儒家的历史使命感和社会责任感，又有道家顺其自然、不刻意为之的人生旨趣，这种用儒家来进取、用道家来调节的价值观，古人称之为"儒道互补"。由此我们再来看苏轼的第一次突围，是不是也体现了"儒道互补"的思想呢？请同学们根据刚才的解读来分析。

生：由大江东去想到时间流逝，风流人物也湮没在时光中，何况我还没有建功立业，更不会为世人所铭记，这体现了儒家积极入仕的思想。而人的生命虽然短暂，人虽然渺小，但人的精神事业永存，又体现出了道家看得开、佛家放得下的思想。

师：分析得很好，当然要想一下子讲清"儒道互补"的思想是不容易的，我们暂且以此诗来入门。苏轼一生跌宕起伏，经历生死悲喜，不论是喜还是悲，总能被他消化融合，最终转化为积极乐观的人生态度。而儒道互补思想是拨开迷雾、解开心结的密钥，写于被贬黄州第三个春天的《定风波·莫听穿林打叶声》表现了苏轼旷达超脱的胸襟和超凡脱俗的人生理想。

PPT 展示：

莫听穿林打叶声，何妨吟啸且徐行。竹杖芒鞋轻胜马，谁怕？一蓑烟雨任平生。

料峭春风吹酒醒，微冷，山头斜照却相迎。回首向来萧瑟处，归去，也无风雨也无晴。

（生齐读）

师：诗人在最后为什么要祭奠江月呢？

生：从词的第一句我们就已经知道，苏轼已经参透大自然是永恒和伟大的，所以他要祭奠江月。

生：明月、江水是他的朋友，在此举杯共饮。

师：此时的心情如何？

生：超脱、放达。

师：对大自然的认识在苏轼的《前赤壁赋》中有很深邃的论述，哪位同学能背诵出来。

生："客亦知夫水与月乎？逝者如斯，而未尝往也；盈虚者如彼，而卒莫消长也。盖将自其变者而观之，则天地曾不能以一瞬；自其不变者而观之，则物与我皆无尽也，而又何羡乎！且夫天地之间，物各有主，苟非吾之所有，虽一毫而莫取。惟江上之清风，与山间之明月，耳得之而为声，目遇之而成色，取之无禁，用之不竭。是造物者之无尽藏也，而吾与子之所共适。"

师：上片的结句"江山如画，一时多少豪杰"和下片的结句"人生如梦，一尊还酹江月"，同学们发现没有，内容上上片从自然写到人，下片从人写到自然。

师：诗歌的开头与结尾又是如何照应的？

生：词以自然开头，以自然结尾。

师：从自然到人事，又从人事到自然，全诗都以自然为中心，在这看似轮回的过程中，却是苏轼的一次蜕变之旅，苏轼从自然想到人世，而当从人事走出，走进自然之后，苏轼已经不在了，取而代之的是站得更高、看得更远、想得更透的苏东坡！这一涅槃的过程体现了古人天人合一的思想，也体现了苏东坡儒道互补的精神世界！

PPT 展示：

儒道互补　天人合一

**备教感悟：**

每一次上这首词总有一种隔靴搔痒的感觉，总找不到北，总在诗人的精神世界之外徘徊，总是诚惶诚恐，没有底气。知不足而更勤奋，于是多方收集资料，反复诵读，在知人论世中渐渐看到苏轼清朗的背影。本课是经过最新思考后的教学成果，记录下来，以待来日再作改进之用。

在语文教材的处理上有一个术语叫作"切入"，即从教材的某一处开讲，先深究，然后扩展，最后统观全篇。这比起凡教名篇，必讲"时代背景—作家简介—中心思想—段落大意—艺术特色"等，无疑更需要教师的创造。

成功的教材处理，往往意味着成功的教学效果，而这效果，也往往是因为成功地找到了一个恰当的"切入口"。所谓恰当，我以为有这样的特征：（1）"切入口"应该是这篇作品关键的或重要的某个细节，它能牵一发而能动全身；（2）"切入点"必须是一座富矿，一旦钻探，就能发现丰富的矿藏；（3）"切入口"要以看似无疑的，一旦细想，则有深究的必要，这才能引起学生思索的兴趣。本课的教学我舍弃了一些"繁文缛节"，上课伊始就提出"苏东坡认为自己是一个怎样人"和"苏东坡的偶像是谁"来激起学生的兴趣，特别是第二个问题，更让学生兴奋无比。这样的导入，一下就激起学生探求的欲望。当然，所有的教学活动都要围绕教学目标、学习目标设计展开，指向目标的达成，不能为了导入而导入，为标新立异而哗众取宠。"苏东坡认为自己是一个怎样人"指向文本中"多情应笑我"，"苏东坡的偶像是谁"指向诗中的人物周瑜，这两个问题帮助学生深入文本、理解文本、走近作者，起到纲举目张的作用。

然后以"苏东坡如何突围"的问题作为教学的切入点，围绕文本，带领学生探求苏轼的生命观。这只是教学上的宏观线索，要解答这个疑问，教师还需要设置一些由浅入深、由表及里，逐渐触及本质的问题。苏轼"变成"苏东坡不是一蹴而就的，在探究本词的上下两片中，我发现了苏东坡的两次困惑与两次突围，上片在大江前忧从中来，下片在对周瑜的感佩中长叹"笑我多情"，苏轼在儒道思想的自问自解中完成了人生的涅槃，上片由大江生悲的苏轼，在下片中再次面对大江，却已变成了豁达的苏东坡，我以此为思路，带领学生走进苏东坡，完成本课教学。杜威指出："任何思维——只要它是思维——都会有独创性的成分。"我认为"独创"还可指学生对于问题有独立思考与探究的欲望以及因此而生成的观点。因此，在核心素养观指引下的语文教学，教师应搭建思维的平台，强化学生的语文思维。而要强化

"语文思维"，教师提出的问题就要有"含金量"，既不能是浅显易见的"快速抢答"，也不能是让学生默然无语，甚至摸不着头脑的"只问不答"。教师必须遵循语文教学的规律，任何花拳绣腿都是华而不实的作秀，必然导致教学效果与初衷相悖，无功而返。叶澜教授说："教师的能力就是让学生得到活的知识，看到知识创建的过程……而不只是用一个符号表达'死'的结论。"最后学生得到苏轼突围的秘诀是"儒道互补"，而这一知识的生成是师生共同探究的成果，并非教师的灌输。真正的好课，犹如一篇好文，让人回味无穷，不自觉地走入其间，沉醉忘了归路。

# 《大堰河——我的保姆》 教学实录

**教材分析**：《大堰河——我的保姆》是人教版必修一第一单元的第三课，本单元新诗阅读鉴赏的重点是情感与意象，对于刚入高一的新生，教学上我注重与初中所学知识的衔接，并引导学生深入文本探究诗歌的意象、情感和主旨。因此，我以初中学过的艾青的诗歌《我爱这土地》导入，让学生解读诗中"鸟"的形象，目的不仅是初高中教学内容的衔接，更是以此让学生更进一步了解诗人艾青的艺术风格，理解艾青诗歌鲜明的时代烙印和诗人对祖国、人民的赤子情怀，为进入本诗的学习做铺垫。

**学情分析**：这首以叙事为主的抒情诗，语言质朴，晓畅易懂，学生会因没有任何学习障碍而掉以轻心，其实这正是学习本诗的误区，不着痕迹、不饰浮华正是作者高超的写作技巧之所在，所以教师需要引导学生去发现本诗的精妙之处。

**学习目标：**

1. 领会诗歌抒情性的特点，了解诗歌如何借助意象来抒发情感。

2. 把握保姆大堰河的形象，以及作者对大堰河的感情。

3. 反复诵读，体会对比、反复、排比等修辞手法在抒情上的作用。

**学习重难点：**

1. 体会诗人对大堰河真挚的感情。

2. 培养联想、想象能力。

多媒体播放音乐《遥远的思念》。

PPT 展示：

《我爱这土地》

艾青

假如我是一只鸟，

我也应该用嘶哑的喉咙歌唱：

这被暴风雨所打击着的土地，

这永远汹涌着我们的悲愤的河流

这无止息地吹刮着的激怒的风，

和那来自林间的无比温柔的黎明……

——然后我死了，

连羽毛也腐烂在土地里面。

为什么我的眼里常含泪水？

因为我对这土地爱得深沉……

师：诗人艾青就是这只热爱大地、憎恶黑暗、期盼黎明的鸟，他为这古老沧桑、饱受苦难的土地呐喊、歌唱；他为生活在这土地上千百万劳苦大众歌唱。今天，我们就来听一支诗人唱给他的保姆大堰河的赞歌！

PPT 展示：

课题《大堰河——我的保姆》及木雕版画怀抱乳儿的大堰河的形象

师：诗歌的标题《大堰河——我的保姆》，换成《我的保姆——大堰河》行吗？

生：《大堰河——我的保姆》强调大堰河虽是我的保姆，却给了我深深的爱，所以我要写一首赞美她的抒情诗。

生：《大堰河——我的保姆》强调大堰河的身份是保姆，身份低微；而《我的保姆——大堰河》只为强调保姆的名字叫大堰河。

师：分析得很好。那么诗歌在哪一节对大堰河做了介绍？

生：第1、2节。

师：齐读第1、2节，看看诗人是从哪些方面介绍大堰河的？

生：身份——保姆、童养媳，与我的关系——养育我。

师：这两节主要采用什么表达方式？

生：记叙。

师：此诗是一首以叙事为主的抒情诗。

生：老师，我发现这首诗第3、10节还通过描写来抒情。

师：你阅读得很仔细。那么同学们看一看哪些章节是侧重记叙抒情？

生：除1、2节外，第4、5、6、7、8节。

师：下面我们先深入研究诗歌第3、10节，探讨诗歌是如何通过描写来抒情的？

生：诗人选取了坟墓、故居的瓦菲、园地、石椅这些意象，它们组合在一起，给人一种凄凉的感觉。

师：这些意象组合形成一种凄清、悲凉的意境，分析得很好。这一节的描写体现在哪里呢？

生：坟墓——雪压的、草盖的；故居——关闭的；瓦菲——檐头的枯死的；园地——被典押的一丈平方的；石椅——长了青苔的，加上修饰语，更让人感到大堰河命运的悲惨与凄凉。作者借哀景来抒哀情。

师：这些景物寄托了作者怎样的感情？

生：抒发了对大堰河的怀念之情，因为这一节首尾写道"看到雪使我想起了你"。

师：在诵读这一节时，这些修饰语和"想起了你"要重读一些。

（生齐读）

师：下面我们赏析第10节，归纳这一节的含义。

生：描写大堰河"含泪地去了"的景象。

师：具体来说是怎样的景象？

生：四十几年的凌侮、数不尽的凄苦、四块钱的棺材、几束稻草、几尺长方的土地、一手把纸钱的灰，一种凄苦的景象。

PPT展示：

图片：大堰河的墓

师：同学们看看每一个意象前都用了数量词，将这些数量词做对比，你们发现了什么？

生：大堰河受到的凌侮、屈辱、苦难多，得到的少之又少。

师：通过对比，表达了作者怎样的感情？

生：悲伤、同情。

生：对那个不公平的社会的愤怒与控诉。

师：请同学们在诵读中把这种感情表达出来，这几个数量词要重读。

（生齐读）

师：作者用对比的手法写出了大堰河悲苦的一生，但就是这么一个身份低微、命运凄苦的劳动妇女却给我——一个地主的儿子全部的爱，让"我"终生难忘。大堰河是怎样疼爱诗人的呢？齐读第4节。

师：你们能感受到大堰河对诗人的爱吗？

生：诗歌反复写"你用你厚大的手掌把我抱在怀里，抚摸我"。

师：你在这里用了一个词"反复"，这就是一种修辞用法。

PPT 展示：

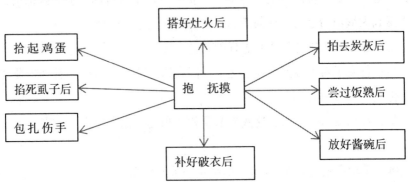

生：尽管每一天她要做的事情很多，诗人连用八个"在……后"的排比句式，表明大堰河只要一闲下来就会抱起我。

生：新闻上报道，有的保姆不仅不好好带孩子，还虐待孩子。而大堰河尽管很辛苦，但她一干完手中的活就去抱我，而不是只要我不哭，就任我躺着。

师：从这一节我们可以看出大堰河是一个怎样的人？

生：勤劳、善良、慈爱的人。

师：请同学们展开联想与想象，描述一下大堰河把我抱在怀里的场景。

PPT 展示：

大堰河怀抱乳儿，深情、凝重的画面

生：大堰河哼着小曲，温柔地注视着怀里的我，还不时用脸贴着我的脸。

生：大堰河用她厚大的手掌轻拍着我，口哼眠歌，伴我入睡。

师：请同学们再展开联想与想象，描述一下大堰河的手。

生：是布满老茧的、粗糙的手。

生：是开裂的、黑的、骨节突出的手。

生：是一双温暖、慈爱的手。

师：是的，这双勤劳慈爱的手，使一个贫穷的家庭充满了温暖，使这个被地主嫌弃的孩子得到了母爱的补偿。这双手就是母爱的象征。同学们也说说你们在生活中所感受到的母爱。

生：每一次放假回家母亲都嘘寒问暖，忙里忙外地给我做好吃的。

生：小时候生病了，妈妈背我去医院，每夜陪着我、照顾我。

生：每一次我乘车回学校，妈妈都要去送我，并且直到车开了，我都还看见她站在原地。

……

师：同学们都说得很动情。母爱是伟大的，同学们的切身感受，可以帮助我们更好地理解大堰河的形象。"我"在大堰河家得到的就是这样细致入微的爱，而"我"与大堰河只不过是乳儿与保姆的关系。

师：回忆这一段生活，作者对大堰河的感情是怎样的？

生：充满感激的。

师：请同学们饱含感激之情来朗读这一节。

师：赏析第 7 节，概括这一节的内容。

生：大堰河辛勤劳动。

师：诗歌怎么体现大堰河辛勤劳动的？

生：采用了反复和排比的手法。

师：面对繁重的劳动，大堰河却"笑"了，同学们怎么理解大堰河的"笑"。

生：满足的笑。大堰河已经没有奶了，但她以还能靠劳动养家糊口而感到满足，所以她笑了。

生：虽然干着粗重的活，"笑"体现了她的乐观、开朗、坚强的性格。

生：我恰恰觉得，大堰河笑得越灿烂，我反而觉得她越悲苦。她流尽了最后一滴乳汁后，又出卖自己仅有的劳动力来养家，她为了家庭耗尽了一生，但她却开心地笑。

师：就是这样一个善良、勤劳的人，最后所得到的只是一手把纸钱的灰！面对大堰河明朗的笑容，作为读者的我们却流出了同情的泪。

（生齐读）

PPT 展示：

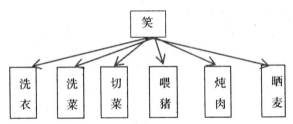

师：赏析第 8 节，在诗中哪一个词最能概括大堰河对诗人的感情？

生：深爱。

师：深爱"我"的大堰河做的"梦"为什么不能对别人说？

生：因为她只是个身份卑微的保姆，怎么能让一个地主儿子的媳妇叫她"婆婆"呢？

生：因为诗人只是她的乳儿，并不是她的儿子。

师：这里有一个矛盾的地方。既然是一个"不能对别人说的梦"，诗人为什么知道呢？

生：因为诗人自己也是这么想的，他也把自己当作了大堰河的儿子。

师：有道理。诗人虽然出生于地主之家，但他对劳动人民的情感可以说是大堰河给他启蒙的，他也深爱大堰河。

师：为什么特别写这个"梦"？

生：因为这个梦最能体现一个母亲对儿子美好的祝愿。

生：也因为是梦，注定不可能实现，写出了作者的内疚。

师：对。成家立业意味着儿子长大成人，是一个母亲最本能的、最大的期望，是美好的，但对大堰河来说却是不可能实现的。请同学们发挥联想与想象，大堰河会如何"夸口赞美"她的乳儿？

生：我的乳儿可出息了，会写诗，是个大诗人。

生：我的儿媳妇可孝顺了，我有福了。

生：这是我的乳儿给我买的新衣服！

师：我们想象一下，当大堰河听着儿媳妇叫她"婆婆"时，她的脸上该是笑开了花吧！我们该怎么读这一段呢？

生：深情地，轻快地。

（生齐读）

师：我在大堰河家感受到了家庭的温暖，而我回到了自己的家，我的家是什么样的呢？齐读第 6 节。

生：富丽堂皇，红漆雕花的家具，金色的花纹，丝和贝壳的纽扣，安了火钵的炕凳……

师：大堰河的家是什么样的？

生：灶火，炭灰，乌黑的碗，乌黑的桌子，破衣，虱子，是破旧的。

师：同学们发现第 6 节和第 4 节两节结合起来看，作者用了什么手法？

生：对比。

师：仅仅是家庭布置对比吗？

生：在大堰河家，感到爱的温暖；在自己的家却没有感受到爱。

生：大堰河对我的关爱与父母对我的疏离做对比。

生：我对大堰河的依恋和我对父母的陌生形成对比。

师：作者在自己家是怎样的感受？

生：觉得自己是新客，呆呆地，不认得，不熟识，忸怩不安。

师：这一节有哪些词语是很矛盾的吗？

生："不认得"却又说"天伦叙乐"，说自己是"新客"。

生：不说自己的家，说"生我的父母家"。

师：怎么理解这些看似矛盾的语言？

生：因为这个家没有天伦之乐，所以说"不认得"。

生：因为没有感受到被爱，所以说自己像客人一样，实际上我想他的父母也把这个儿子当客人一样，所以诗人认为这不是自己的家，是父母的家。

生：诗人总强调"生我的父母"，指明父母对他没有养育之情。

生：三个"摸"字，体现了我对这个家的陌生感。

PPT 展示图片：

### 我回到家后的一个场景

师：我们仔细地读，就从平凡的词语中读出了许多纸背后的文字。对比的艺术手法，艾青在其他诗歌中也用到了。50 年代，他到欧洲去访问，见到了一个黑人姑娘给白人家当保姆，白人孩子在哭，黑人孩子在唱歌，于是他创作了《一个黑人姑娘在歌唱》，有这样两句："一个多么舒服，却在不停地哭；一个多么可怜，却在唱欢乐的歌。"这种强烈的对比能增强诗歌的表达效果。通过对比，诗人感到大堰河是那么的慈爱，大堰河那破旧的家是那么的温暖，于是他给她写了这首赞美诗。

师：这首热烈、深沉的颂歌，仅仅呈给大堰河吗？

生：还呈给她的儿子们。

生：呈给千千万万的大堰河。

师：还呈给受苦受难的劳动人民。可见诗人的感情升华了、扩大了。一个地主的儿子，却把心中最深情的颂歌唱给了千千万万的大堰河，扑向劳动人民的怀抱，这在 30 年代是难能可贵的。同学们分析应重读哪些字、词？

生："一切的""大堰河般的""你的儿子""敬""爱"。

（生齐读最后两节）

PPT 展示：

大堰河：勤劳，善良，仁厚，慈爱

"我"：怀念，感激，憎恨，赞美


排比：酣畅淋漓地倾泻感情

对比：突出主旨，深化诗意

反复：一唱三叹，回肠荡气

在著名艺术家乔榛的朗诵中结束本课。


**备教感悟：**

著名诗人鲁黎曾这样评价艾青诗歌的风格："想到艾青的诗，就想散文美。他的诗不胫而走，不是依靠那整齐的韵脚，他的诗轻柔似云一般飞翔，是以它内在的美作为翅膀，他的诗是绿野碧溪上的姑娘，不是灯红酒绿的贵妇，不需要金手镯或是珠玉项链，需要的是清风和晨露……"由此可见，查鲁黎的评价可知艾青的诗歌的语言是质朴而冲淡的；情感是深沉而醇厚的。那么诗人是如何通过质朴的语言表现这种情感，又是如何在叙事中展现大堰河的形象的呢？这是本节课的教学重点与难点。

《大堰河——我的保姆》是人教版必修一第一单元的课文，单元提示："鉴赏诗歌应在反复诵读的基础上着重分析意象，同时品味语言，发挥想象，感受充溢于作品的真情。"因而本节课我力求突出这些教学点。

1. "以学生为主体"是一节好课的基础。本节课，学生在我的引导下，自始至终，积极地投入到学习中，不断地朗读讨论，不断地圈画重点，不断地开动脑筋思考，使课堂始终处在动态的生成中，如对大堰河的"笑"，有学生从中读出了"悲"，这是我没有思考过的，但却是极为合理的解读，这是生本碰撞的火花；在第3节与第6节的对比阅读中，学生发现了诗中隐含的几组对比：在大堰河家，感到爱的温暖，在自己的家却没有感受到爱；大堰河对我的关爱与父母对我的疏离做对比；我对大堰河的依恋和我对父母的陌生形成对比。还有大堰河付出多与得到少，苦难多与幸福少，泪水多笑声少……几组"多"与"少"的思考，这是生生碰撞的火花，是教学预设外的有效的、积极的、有创造性的生成。

2. 本节课的一个亮点是让学生展开想象与联想，充分地感受到充溢于作品中的真情。由对大堰河的"手"的想象性描述到联想生活中的母爱，这个教学环节的设计，让学生们用现实生活中感受到的母爱去体会大堰河对诗人的爱，学生情动于心，叙述时泪光莹莹。后面教学中对大堰河的"笑"、大堰河会对媳妇说的话……展开的想象与联想，使大堰河的形象更加丰富起来，收到较好的教学效果。

3. 诵读是理解诗歌的要诀，这可以把无声的文字变成有声有色的语言，让学生入于眼，出于口，闻于耳，感于心，在和谐的旋律中感受诗歌优美的语言，深邃的意境，生动的形象，挖掘学生的想象力和创造力。本节课有教师示范朗诵、学生齐读、名家朗读、配乐朗读，多种朗读形式贯穿于整个教学过程，书声琅琅，而本诗所运用的排比、反复、呼告等艺术手法通过朗读更能体味其妙处。

4. 运用多媒体辅助教学。教师在教学中适时地运用多媒体，可以创设与课文有关的情景，以增强学生学习的情趣，提高学生的审美能力和鉴赏水平。所以本节课在多媒体的运用上，无论是朗读所用的配乐，还是名家的朗读；无论是教学的进程中先后出示的版画，还是结构示意图，我都经过仔细筛选、精心构思，因而在教学中产生了非常好的效果，使学生受到极大的感染，全班学生静静地听着朗诵，有的眼含泪花，无不沉浸在诗歌的氛围中。

# 《记念刘和珍君》教学实录

　　**教材分析**：本文是人教版必修一第三单元第一课，这个单元是写人叙事的散文。本文是鲁迅先生为纪念在"三一八"惨案中惨遭杀害的刘和珍及其同伴而写的一篇纪念性的散文，在记事中写人，在写人记事中抒发自己的情感，发表自己的看法，真挚、深沉、客观、理性，具有独立的思考与判断能力。

　　**学情分析**：高一学生对写人记事的散文并不陌生，但在概述事件、把握人物形象方面还未能做到规范和准确，对作家情感的认知和思考的深度、高度、角度需要有一个从感性到理性、从知其然到知其所以然的过程，尤其是鲁迅先生的思想及表达特色给学生的阅读和感悟带来了一定的难度。

　　**教学目标：**

　　1. 通过与文本对话、师生对话、生生对话，引导学生领悟以鲁迅为代表的人们悲愤地喊出"我控诉"的最强音的精神，以及由此表现出的难能可贵的道德良知和敢于担当的勇气，进而展现出正义与良知。

　　2. 通过圈点批注的方法，引导学生抓住事例概括刘和珍的人物形象特点，促进学生的语言构建与运用能力的提升。

　　3. 通过合作探究，培养学生揣摩感悟语言的能力，深入领会作者的思想感情，学会"披文入情"的审美方法，促进学生思维能力的发展与提升。

　　**教学重点：**

　　1. 概括刘和珍人物形象特点。

2. 感悟作者"悲""愤"的思想感情。

**教学难点：**领悟鲁迅先生独立的人格力量及深邃的思想。

**学习目标：**品味人物形象；学习鲁迅先生的语言风格；学习鲁迅先生的精神。

**教学时数：**两课时。

# 第一课时

## 一、导入新课

师：刘和珍是1918年"三一八"惨案中牺牲的烈士，距今100多年前的这次惨绝人寰的事件，同学们可以通过刘半农、徐志摩的诗文具体了解到当时的情况。请齐读他们的诗文。

PPT展示：

呜呼　三月一十八

刘半农

呜呼三月一十八，北京杀人乱如麻！民贼大肆毒辣手，天半黄尘飞雪花！晚来城郭啼寒鸦，悲风带血吹呀！地流赤血成血洼！死者血中躺，伤者血中爬！呜呼，三月一十八，北京杀人乱如麻！养官本是为卫国，谁知化作豺与蛇！高标廉价卖中华，甘拜异种做爹妈！愿枭其首籍其家！死者今已矣，生者肯放他！呜呼三月一十八，北京杀人乱如麻！

南方新年里有一天下大雪，我到灵峰去采春梅的消息。
残落的梅萼瓣瓣在雪里腌，我笑说这颜色还欠三分艳！
运命说：你花期节前回京，我替你备下真鲜艳的春景；
白的还是那冷翩翩的飞雪，但梅花是十三龄童的热血。

——徐志摩

师：下面是两位烈士的碑文和当时的一些照片，他们的纪念碑现在还矗立在北大、清华的校园内。

李家珍烈士纪念碑（现北京大学校园内）

死者烈士之身，不死者烈士之神。

愤八国通牒兮，竟杀身以成仁，

唯烈士之碧血兮，共北大而长新。


韦杰烈士纪念碑（清华大学校园内）

临终遗言：我心甚安，中国快强起来啊！

师：从这些记录和老照片中我们看到了当时的场面之惨烈，也看到了青年学生对国家的期望，所以他们不惜抛头颅、洒热血。但对于这次事件，鲁迅先生有什么看法，刘和珍又是一个怎样的女子？今天我们一起学习鲁迅先生的名篇《记念刘和珍君》。


**二、PPT 展示学生自学疑问**

1. 为什么是这个"记"而不是这个"纪"。

2. 作者到底是想写还是不想写纪念刘和珍的文章。

3. 文中用"木材""煤"来比喻什么？


**三、回忆和珍**

师：文题中的"记"相当于"纪"字，并非鲁迅写了错别字。因为当时白话文刚刚兴起，用词并不是很规范。其他的问题在后面的学习中会触及。从标题看，这是一篇关于刘和珍的纪念文章。自主阅读全文，找出与刘和珍生平事迹相关的章节，摘录勾画原文的句子，结合自己的体验，说说你看到的刘和珍。

生：主要集中在第3、4、5章节。

师：其他章节还有吗？

生：第1节第2段。

生："从毅然预定《莽原》全年"可看出刘和珍宁可放弃物质的需求，也要追求精神境界的提升。

师：从文中可知，这是一本鲁迅先生编辑的期刊，刘和珍是在生活艰难的情况下预定的。鲁迅先生为什么在文章开头回忆关于刘和珍的这件事呢？

生：我想放在前面写，就体现出刘和珍的一系列爱国行为是必然的，她是一个思想上追求进步的青年学生。

师：有道理。

生：刘和珍给我印象最深的是"她态度温和，常常微笑着"。

师：你怎么有这种感受呢？

生：因为文章中多次强调刘和珍"态度温和，常常微笑着"。

师：几次？

生：五次。

师：作者为什么反复强调刘和珍"态度温和，常常微笑着"？

生：这样一个温和的、友善的人怎么可能是暴徒呢？揭露当局的污蔑行径和心虚。

生：还体现了刘和珍的勇敢。这样柔弱的女子"转辗"在敌人的"枪弹的攒射中"是何等的伟大和勇敢。

生：我认为还体现了刘和珍的乐观。

师：在浓墨的黑暗中微笑的刘和珍像什么？同学们做一个比喻。

生：像一朵花。

师：始终微笑的刘和珍像一朵花一样，但这朵刚刚盛开的花却被无情地践踏了。微笑与后面的遇害做对比，对同志像春风一样的柔和，但对反革命政府，她坚定不移地反抗，更突出了刘和珍的革命精神。

生：刘和珍担忧母校的前途而流泪了，可看出她是个有情有义的人。

师：刚才看到了她的笑，现在看到了她的泪，是一个有情有义、有长远眼光的女子。

生：反对广有羽翼的校长，刘和珍柔弱中蕴含着刚强，不畏恶势力所屈，是个敢于反抗的热血青年。

师：刚才看到的刘和珍像花一样，现在看到的刘和珍像树一样，尽管面对的是严风霜剑，但仍然保持着树的高度！

刚才我们从不同角度对刘和珍进行勾勒，那个微笑的镜头像烙印一样刻在我们心里，下面给同学们几分钟时间，摘录文中关于刘和珍的句子并连缀起来，你会发现这些句子像一首如泣如诉的赞美诗。

（生朗读所摘录的句子）

记念刘和珍君

刘和珍君

始终微笑着的和蔼的刘和珍君

为了中国而死的

中国青年，

的确是

死掉了！

中外的杀人者都昂起头来，

不知道个个脸上

有着血污……


在生活艰难中，

毅然预定《莽原》全年的刘和珍君，

反抗广有羽翼的校长的刘和珍君，

虑及母校前途

黯然至于泣下的刘和珍君，

欣然

前往请愿的刘和珍君，

始终微笑着的和蔼的刘和珍君，

的确是

死掉了！

但真的猛士敢于直面惨淡的人生，

真的猛士敢于正视淋漓的鲜血，

将更愤然前行！

始终微笑着的和蔼的刘和珍君

始终微笑着……

师：运用反复、排比的手法，突出了刘和珍的特点，你深情地朗读，老师和同学都被感染了！

**四、"无话可说"**

刘和珍是这样优秀的青年学生，应该值得人们记住她，所以鲁迅先生说"有写一点东西的必要"，但为什么又"无话可说"呢？这也是同学们预习时提出的问题。

作者为什么"无话可说"，为什么又觉得"有写一点东西的必要"，结合文中具体的语句来揣摩，体会鲁迅先生深刻的思想感情。

将一、二组分为第一个阵营，三、四组分为第二个阵营，第一阵营的同学讨论"为什么觉得无话可说"，第二阵营的同学讨论"为什么有写一点东西的必要"。

PPT 展示：

1. 在文中找出关键语句，划出并在空白处写出自己的理解和思考。

2. 每个小组确定一位中心发言人，陈述小组成员的观点。

师：第一阵营的同学先说说作者"为什么无话可说"。先读出你找的句子，再谈你的理解与思考。

生：27 页第 2 段"可是我实在无话可说。我只觉得所住的并非人间。四十多个青年的血，洋溢在我的周围，使我艰于呼吸视听，那里还能有什么言语？"这里作者的"无话可说"是因为作者看到四十多个青年被杀害，作者沉浸在悲痛之中。

师：作者因悲痛而无话可说。

生：29 页，第四部分的最后一段"惨象，已使我目不忍视了；流言，尤使我耳不忍闻。我还有什么话可说呢？我懂得衰亡民族之所以默无声息的缘由了"。表现了作者对反动派的愤怒与不满。

师：作者因悲愤而无话可说。

生："呜呼，我说不出话，便以此记念刘和珍君。"这句话可知作者内心的哀痛，所以"说不出话"。

生：29 页第四部分，"惨象，已使我目不忍视了；流言，尤使我耳不忍闻。我还有什么话可说呢？"作者在听到刘和珍被害以及那些使人耳不忍闻的流言时，"无话可说"是对当时中国人人性冷漠的愤怒。

师：除愤怒、悲痛之情无话可说外，还有什么原因？

生："我向来不以最坏的恶意来推测中国人的，然而还不料竟凶残到这种地步，况且始终微笑着的和蔼的刘和珍君，更何至于无端在府门前喋血呢？"这句体现了作者对当局的凶残行径的震惊。

师：出乎意料，人竟然下劣、凶残到如此地步，震惊得无话可说。同学们，愤怒、悲痛、震惊这些情绪充塞于胸时，我们还能说出话来吗？不能！所以先生说"长歌当哭是必须在痛定之后的"。下面同学们齐读第一部分和第四部分的最后一段，体会作者的情感。

# 第二课时

## 一、"写"的必要

师：第二阵营的同学谈谈为什么有"写一点东西的必要"的原因。

生：第一部分"倘使我能够相信真有所谓'在天之灵'，那自然可以得到更大的安慰，——但是，现在，却只能如此而已"。作者只有用写文章来表达怀念，因为没有灵魂存在。

生：除了怀念，还有尊敬，作者说"我应该对她奉献我的悲哀与尊敬。她不是'苟活到现在的我'的学生，是为了中国而死的中国的青年"。

生："忘却的旧主快要降临了吧！"很多人快要忘记"三一八"惨案了，希望人们能记住这些英勇的人和事。

师：为了不要忘却而写一些文字。

生："然而既然有了血痕了，当然不觉要扩大。至少，也当浸渍了亲族；师友，爱人的心，纵使时光流逝，洗成绯红，也会在微漠的悲哀中永存微笑的和蔼的旧影。"作者想扩大这事的影响，鼓励生者继续前行。

生：对这一句"我也早觉得有写一点东西的必要了，这虽然于死者毫不相干，但在生者，却大抵只能如此而已。倘使我能够相信真有所谓'在天之灵'，那自然可以得到更大的安慰，——但是，现在，却只能如此而已"，我们组的理解和刚才的小组不一样。这里先生说"只能如此而已"，他对刘和珍的死不能做什么，只能用笔来发泄情感，心中充满无奈。

生：第五部分第一段"但我还有要说的话"，这是先生对为正义而献身的女子们的赞扬，对杀人者的控诉！

师：因对黑暗现实的无奈，对逝者的赞扬和对杀人者的控诉而有写一点东西的必要。

生："我向来是不惮以最坏的恶意来推测中国人的。但这回却很有几点出于我的意外""我向来是不惮以最坏的恶意，来推测中国人的，然而我还不料，也不信竟会下劣凶残到这地步。况且始终微笑着的和蔼的刘和珍君，更何至于无端在府门前喋血呢？"表达了作者对执政府的痛恨，对刘和珍的怀念。

生："苟活者在淡红的血色中，会依稀看见微茫的希望；真的猛士，将更奋然而前行。"彰显青年的勇毅，鼓励活着的人奋然前行。

师：作者写文章让人们记住这些革命青年，对普通民众有什么作用？

生：让普通民众了解事实真相，她们并非暴徒。

生：唤醒民众。

师：在文中找出相应的句子。

生："在这淡红的血色和微漠的悲哀中，又给人暂得偷生。"庸人在血的事件后仍偷生，所以要唤醒他们。

生："沉默呵，沉默呵！不在沉默中爆发，就在沉默中灭亡。"不要再沉默、麻木不仁了，要斗争！

师：所以这一句不仅是感叹，还是一种召唤！总结一下，先生因愤怒、悲痛、震惊而无话可说，又因纪念、赞颂爱国青年，唤醒民众和激励真的猛士奋然前行、控诉反动政府而要写一点东西。由此可见鲁迅先生为国家、民族的担当精神，正如钱理群教授所说：

PPT 展示：

"鲁迅先生毕生都在干一件事情——使中国人成为真正的人。"

——北大教授钱理群

### 二、深邃的思想

师：鲁迅先生怎样看待这次徒手请愿活动？大声朗读课文最后两节，勾画出关键语句。

PPT 展示：

思考：这次徒手请愿的意义何在？鲁迅先生赞同徒手请愿这种方式吗？

生：第七部分第二段，这次死伤的意义可以表现出中国女子的干练，百折不挠的气概没有消亡，让苟活者看到微茫的希望，奋然前行。

生：先生不赞同徒手请愿。他打了一个比方说明这种方式代价太大而收效甚微。徒手请愿比喻煤的形成，大量的木炭只得一小块煤，努力与收获不成正比。

师：四十多个青年的血换回来什么？影响太小，代价太大，作者不赞同。

生：才两个星期，"忘却的旧主就要降临""不过供无恶意的闲人以饭后的谈资，或者给有恶意的闲人作'流言'的种子。至于此外的深的意义，我总觉是很寥寥"，四十多个青年的死并没有震撼到人们的心灵，改变人们麻木的状态，没有换来多大的效果。没有拿武器去请愿，太不明智了。

生：这种做法并不在人类血战前行的历史中，因为没有作用。北洋政府是一个不开明的、黑暗的政府，只有拿着武器才能推翻它，救民于水火。请愿没有效果，只是让自己的亲友、爱人悲伤，作者非常不赞同。

师：你说得慷慨激昂。正如作者所说：

PPT 展示：

改革自然不免流血，但，流血非即等于改革，血的应用正如金钱一般，吝啬固然是不行的，浪费也是大大地失算。以血的洪流淹死一个敌人，以同胞的实体填满一个缺陷，已经是陈腐的话了，从新的、战术的眼光看起来，这是多么大的损失。

——《空谈》

师：流血就推动社会的进步了吗？没有！那先生希望人们怎样斗争呢？先生在另一篇文章《为了忘却的记念》里说道：

PPT 展示：

"我不是高僧，没有涅槃的自由，却还有生之留恋，我于是就逃走。"

师：连自保都做不到，为了更好地战斗，要学会保留实力。鲁迅先生面对的不是一个人，不是一个权势集团，而几乎是整个落后的、沉睡的、麻木的社会。他一生都致力于中国人的觉醒和进步，塑造新的国民精神。


### 三、对比阅读

师："三一八"的阵阵枪声震撼了几乎所有知识分子的灵魂，鲁迅先生激愤不已，称这一天是"民国以来最黑暗的一天"。中国知识分子和媒体表现出了前所未有的良知和同仇敌忾，无数作家在历史上留下了一个衰亡民族不泯的声音，周作人、朱自清、林语堂关于"三一八"惨案都写了纪念文章，将四篇文章从不同角度进行比较，请各组展示探究内容。

生：写作时间上，鲁迅先生是在惨案发生两个星期后即四月一日写的，周作人和朱自清先生是在惨案后五日写的，林语堂先生是在惨案后三日写的。

生：内容上相同，都有对爱国学生的同情与赞颂，对北洋军阀政府的谴责和抗争。

不同之处，鲁迅先生通过记叙刘和珍的事迹来表现刘和珍的性格，赞扬爱国青年的勇毅，从而批判执政府当局的凶残，以及对徒手请愿的深刻思考。

周作人的文章提到不支持请愿的做法，文章主要表达痛惜之情。朱自清先生的文章主要从自身的经历陈述事件的经过，以批判当局。林语堂记叙了刘和珍身前的事迹，体现刘和珍的正直、担当、勤奋，以表达哀悼之情。

师：有没有哪个组的同学从语言上做了比较的？

生：周作人、朱自清、林语堂三位先生的文章语言平实，叙述为主，较口语化，鲁迅先生的文章语言更精彩，有记叙，有抒情，有议论，有些句子，比如"沉默啊，沉默啊……""真正的猛士……"这些句子，让人一读难忘。

师：看看先生用了什么句式？

生：对仗工整的句式。

师：相对来说，周、朱、林三位先生的文章更多地采用口语，文风趋于平实，而鲁迅的《记念刘和珍君》则于口语之中多杂以文言成分，并多用对偶、排比，混合着散文的朴实与骈文的华美与气势。例如：

"当封棺的时候，在女同学出声哭泣之中，我陡然觉得空气非常沉重，使大家呼吸有点困难……"（周作人文）

"四十多个青年的血，洋溢在我的周围，使我艰于呼吸视听，那里还有什么言语？"（鲁迅文）

周作人的文章全用口语，并一律用陈述句；鲁迅的文章杂以文言句式，陈述句中兼用反问句，更多变化。

师：思想深度上，哪一个组做了比较？

生：刚才从内容上做了比较，四篇都有控诉、哀痛、赞扬，但鲁迅先生的文章思想更深刻，他对徒手请愿做了生动的比喻和深刻的反思，给人以启示，在黑暗的社会里如一盏明灯，指引方向。

师：同学们，通过与鲁迅先生同时代的作家的文章的对比阅读，同学们能意识到先生对于我们这个衰亡民族的伟大意义了吧！鲁迅是中国文化革命的主将，他不仅是伟大的文学家，而且是伟大的思想家和伟大的革命家。他的骨头是最硬的，他没有丝毫的奴颜和媚骨，他是一位高明的医生，是一面旗帜、一盏明灯。他以笔代戈，战斗一生，他时刻以深沉的情怀、睿智的目光关注着我们民族的生存状态和精神世界。

他用生命的全部光芒，划破了充塞天地之间的黑暗和寂静。在他身后，有我们整个民族的血污、苦难、彷徨与觉醒……

他走了，留下了锋芒毕露的匕首和投枪！

他走了，留下了铁骨铮铮的思想和精神！

（学生鼓掌）


**四、拓展提升**

师：经过对比，我们发现鲁迅先生的文章语言独特之处，下面请同学们选取文中所喜欢的句子或段落进行仿写。

生：我们生活在这样富强平安的国度，我也觉得有写一点东西的必要；离十月一日已有两个星期了，人们的激情仍高涨，我正有写一点东西的必要。

生：原谅，已使我心怀感激；帮助，尤使我愧疚不已。我还有什么话可说呢？我懂得以德报怨者之所以虚怀若谷的缘由了。愧疚呵，愧疚呵！不在愧疚中反省，就在愧疚中沉沦！

师：写出了愧疚者的感动。

生：真正的学生，敢于正视困苦的生活，敢于面对如山的作业，这是怎样的勇敢者与幸福者？然而业余爱好常常为分数所左右，以分数来衡量努力与否，仅仅留下疲惫的身影和刷不完的试卷，在这疲惫的身影和刷不完的试卷中，又给我以希望，维持着继续前行的力量，我不管这样的努力何时会有回报！

师：写出了高中学生的学习状态，虽疲惫与焦虑，但不放弃的精神。

生：今天早晨，才知道上午第四节课有数学过关考试，下午便传来"噩耗"，班上居然只有五个人不及格，而我即在这五人之列。但我对于这些传说，竟至于颇为怀疑，我向来是不惮以最坏的分数来推测我的数学成绩。然而我还不料，也不信竟会差到这个地步。况且近期始终在刷数学题，更何至于无端在过关考试中翻船呢？然而分数本身就是证明，作证的便是手中的考卷。

师：矛盾、疑惑的心理得到充分展现。

生：始终风风火火、永不知疲倦的老班终于病倒了。这是真的，有代课老师为证！可敬又可爱的老班累倒在办公桌前，有满桌的作业本为证；只有挂在墙上的吊钟仍在不停地、孤独地摆动。昨天当老班从容地在教学楼里穿梭时，这是怎样的美妙风景啊！而今天老班的飒爽风姿，不幸被病魔吞噬了！但老班就是老班，却在三天之后又站在讲台上，不知道个个同学心中有着怎样的感动……

师：鲁迅的语言有独特的魅力，寥寥数语，一个尽职尽责的班主任形象就跃然纸上。

生：科举，已使范进穷困潦倒；中举，尤使范进疯疯癫癫。这是怎样的哀痛者和幸福者？然而造化又常常为庸人设计，以毕生精力来追逐功名，即使遭人唾弃和欺压。在这唾弃与欺压中，又给范进暂得偷生，维持着这阿谀奉迎的社会，我不知道科举毒害了多少这样的人！

师：老师觉得你对科举弊端的揭露挺深刻的。

PPT 展示：

### 课堂小结

作为一个有正义感、责任感的思想家、革命家，鲁迅先生把现实的悲剧和民族的命运连在一起，把勇士的牺牲与国民的觉醒连在一起，把眼前的哀悼与深沉的思考连在一起，写就了本文。最后，请同学们用一句话来概括你对本文的认识。

生：一曲颂扬"为了中国而死的中国的青年"的悲壮战歌。

生：一声唤醒庸人大众的沉重的呐喊。

生：一支激励仁人志士奋然而前行的深沉号角。

生：一篇声讨反动势力的战斗檄文。

师：让我们齐读"真的猛士……"来表达对先生深切的纪念！

（生饱含感情地诵读）

师：下课！

**备教感悟：**

作家追求"文如其人"，我认为教师也应追求"课如其人"，从你的教学中让学生感受到一个语文教师特有的情怀和卓越。就如鲁迅先生始终感激藤野先生、小弗朗士永远记得韩麦尔先生一样，他们除了教学严谨之外，更是在与学生进行心灵的交流，我始终将文学作品中的人文性与语文教学应有的工具性紧密结合，让学生从作品展现的高尚情操中获得滋养，从作品的批判鞭挞中看到卑劣，从作家的语言风格中学习语言，表达思想。

《记念刘和珍君》是学生进入高中学习的第一篇鲁迅的作品，这篇文章以1926北洋军阀段祺瑞执政府血腥虐杀青年学生为背景，熔哲理、激情与批判锋芒于一炉，充分展示一个伟大思想者内心深处的爱与恨。把一个真正知识分子对社会的责任和对正义的坚守与维护的可贵形象定格在历史深处。

一篇文章可以学的内容非常多，特别是鲁迅先生的文章，结构、选材、语言都可自成一家，深深挖掘，但是我想到学生刚刚进入高中，高中的语文学习应该具备的各种习惯与方法还是比较欠缺的，所以应该依照教学的规律做好取舍，选出重点，从而更有效地提高学生的语文素养。

鲁迅的作品是中学教学的重点和难点，古人曾说："披文以入情。"但社会环境的迥然不同，学生自身的阅历、情感体验不同，造成学生与鲁迅的隔阂，虽然"披文"了，并不一定很好地"入情"。更遗憾的是，一个理应被民族珍视的思想者渐渐地远离新的一代了。作为语文老师，我们知道，阅读对象不单是文章，还包括社会与人生，所以，阅读教学，实质是在塑造学生的灵魂与思想。与鲁迅相遇，与一个非常杰出的灵魂直接地接触和感应，就是引领灵魂走向崇高和伟大的好时机，所以，我将教学目标定位为：通过与文本对话、师生对话、生生对话，引导学生领悟以鲁迅为代表的人们悲愤地喊出"我控诉"的最强音的精神，以及由此表现出的难能可贵的道德良知和敢于担当的勇气。同时感知青年人的时代使命，促进学生思维能力的发展与提升。阅读就是以他人的情感来丰富自己的情感体验，以他人的思想境界来提升自己的思想境界。《普通高中语文课程标准（2017 年版）》指出，阅读教学说到底，就是一种对话，是编者、作者、文章、学生、老师之间复杂的对话。在这诸多元素中，文本是关键，它是架设在作者、教师、学生之间的桥梁，对文本的解读，应该是语文课最应关注的焦点，而解读文本不应该脱离品悟语言，所以在探究为什么先生"无话可说"和"非说一点不可"时，我要求学生找出相应的语言文字去感受作者的心情。

我们的学生中大多数对鲁迅是非常陌生和不理解的，他们认为鲁迅先生性格古怪，缺少宽容之心，心地狭窄，更多的人不喜欢他的语言风格，认为晦涩，这给我们的教学造成了极大的障碍。钟嵘《诗品》"气之动物，物之感人，故摇荡性情，形诸舞咏。"这说明任何作者的写作都是不平则鸣，因此，在教学中如果不使学生的感情与作者的感情达到相对的吻合，就没有办法达到教学目标，毕竟情感是语文教学中的灵魂。一定的情境产生一定的情感，所以在这个环节中，我补充介绍一些"三一八"惨案的资料，用学生熟知的诗人的诗歌来唤醒学生对惨绝人寰的屠杀的认识，来创设情境，激发情感。再通过就同一事件，与鲁迅同时代的作家作品的对比阅读中，同学们不仅对先生有了深刻的了解，还不时发出"先生了不起"的惊呼！他比同时代的作家甚至后世的作家都深刻、清醒，他了解我们这个民族的痛点与病根，且能开出济世的良方，他在对国家的热爱与痛惜中愤然前行！

我们不能掌控生命的长度，但我们可以拓宽生命的宽度。我们不能给学生未来，我们可以帮助学生形成未来的思想，借助以上教学环节，从鲁迅先生的犀利与深刻中学会认识世界，认识自我，剖析人性，来拓展他们思维的广度与深度。

相关资料：《关于三月十八日的死者》（周作人）；

《执政府大屠杀记》（朱自清）；

《悼刘和珍杨德群女士》（林语堂）。

# 《奥斯维辛没有什么新闻》教学实录

**教材分析：**本文是高中语文必修一第四单元第一课的一篇新闻特写。在初中，学生学过新闻这一体裁，新闻的特点、结构、基本要素等，学生有所了解。但本篇新闻报道突破了新闻常规的写作技巧与方式，题目本身就让学生匪夷所思，这也是本节课教学的重难点。学习本篇课文，有助于学生了解新闻报道的一般特征和结构方式，并提升阅读新闻、获取信息的能力。

**学情分析：**本文的体裁虽是新闻，但其叙述方式与常见的新闻稿不同，这对刚进入高一的学生来说，在阅读与写作技巧上是很陌生的。同时本文在语言表达上采用的矛盾表述，又给学生理解文章主旨带来不小的困难。

**教学目标：**

1. 掌握新闻报道的一般特征和结构方式。

2. 探究本篇新闻报道独特的写作方法和独到的新闻报道视角。

3. 认真仔细揣摩、品味语言，从中把握作者的情感。

**学习重点：**

1. 把握新闻的特点，理解课文的思想感情。

2. 文章标题的含义。

**学习难点：**揣摩、品味语言，把握作者的情感。

### 一、导入

多媒体播放：

　　　　获奥斯卡三项大奖的意大利电影《美丽人生》片段
　　　　获奥斯卡七项大奖的美国电影《辛德勒名单》片段

师：两部影片都反映了犹太人在纳粹集中营中非人的、暗无天日的生活。而这两部影片之所以斩获大奖，不仅因为演员们精湛的演技，还因影片揭示了战争给人类带来的创伤，也让人们更加珍惜今天的幸福生活。

PPT展示：

　　　　　　　　今天的奥斯维辛的图片

然而本文作者却在第一段这样说："从某种意义上说，在布热金卡，最可怕的事情是这里居然阳光明媚温暖，一行行白杨树婆娑起舞，在大门附近的草地上，还有儿童在追逐游戏。"难道今天的布热金卡呈现出温暖欢快的景象不好吗？这是怎么回事。让我们一起进入课文中去寻找答案吧！

### 二、PPT展示学习目标

1. 理解文中关键语句的含义，把握文章主旨。

2. 探究本篇新闻报道独特的写作方法和独到的新闻报道视角。

3. 关注社会，记住历史，珍惜和平。

### 三、各小组展示课前探究成果

师：每个小组3分钟，先请第一小组展示。

生：我们小组负责介绍新闻的有关知识和本文的结构，老师只给我们3分钟，我就选最重要的讲。

PPT展示：

新闻的属性：真实性、客观性和时效性。

消息的五要素：何时、何地、何人、何事、何故。有人将其称为五个W。

组成部分：消息一般由标题、导语、主体、背景、结语五部分组成。

本文的结构是　导语：（1—3）写奥斯维辛的现状。

　　　　　　　背景：（4—6）介绍奥斯维辛可怕的历史。

　　　　　　　主体：（7—15）参观者参观的经过与感受。

　　　　　　　结语：（16）奥斯维辛的现状。

师：请你用两个字概括新闻的特点。

生：新、真。

师：发生了狗咬人的事或人咬狗的事，够新吧。这算是新闻吗？

生：新是指新近发生的事，而不指新奇的事。

师：很好。请第二组同学展示课前探究成果。

生：我们组收集的是奥斯维辛集中营的相关情况。

PPT 展示：

1000　6000　4000000

生：同学们看这三个数字。奥斯维辛集中营是纳粹在二战期间修建的1000 多座集中营中最大的一座。1944 年，奥斯维辛每天要焚烧约 6000 具尸体，包括中国人在内的 28 个民族的 400 万人死于集中营。

PPT 展示：

奥斯维辛集中营档案

奥斯维辛位于波兰境内，距华沙 120 公里，周围是一片沼泽，布热金卡在奥斯维辛城外几英里（1 英里＝1.609344 公里）的地方。1940 年 4 月 27 日，德国法西斯头子希姆莱下令在此修建最大的灭绝人性的杀人工厂——奥斯维辛集中营，整个集中营占地 40 平方公里。除斯塔姆拉格、布热金卡两个集中营外，还有 46 个分营。1941 年 1 月 27 日，苏联红军解放这里时，集中营当时只找到 7650 人，包括 200 名儿童，以及还没来得及运走的 7.7 吨的头发。1947 年这里改为殉难者纪念馆，1979 年被列入联合国世界文化遗产名录。下面请同学们看一组奥斯维辛集中营的图片。

师：正如杜康是酒的代名词，窦娥是冤的代名词一样，请同学们说一说奥斯维辛是什么的代名词？

生：黑暗的代名词。

生：残忍的代名词。

生：杀戮的代名词。

生：地狱的代名词。

师：请第三组展示课前探究成果。

生：我们组向同学们介绍普利策奖和作者罗森塔尔。

PPT 展示：

普利策新闻奖是 1917 年根据美国报业巨头约瑟夫·普利策的遗愿设立的，20 世纪七八十年代已经发展成为美国新闻界的一项最高荣誉奖，它已成为全球性的一个奖项，被称为"新闻界的诺贝尔奖"。

作者罗森塔尔（1922—2006）1922 年生于加拿大安大略省，1944 年进入《纽约时报》长期从事国际新闻报道，1960 年凭借《奥斯维辛没有什么新闻》获普利策奖的国际新闻奖。这篇消息是罗森塔尔战后访问奥斯维辛集中营博物馆之后 14 年即 1958 年采写的，发表之后成为新闻史上的佳作。这主要得益于他独辟蹊径，突破了"客观报道""零度写作"的框框，字里行间灌注着个人的情感。

师：请你介绍一下什么是"零度写作"。

生："零度写作"来源于法国文学理论家罗兰·巴特 1953 年发表的一篇名为《写作的零度》的文章。零度写作是一种以"零度"的感情投入到写作行为当中去的状态。作者在文章中不能掺杂任何个人的想法，完全是机械地陈述。

### 四、教学过程

师：同学们的预习还是很认真。老师经过整合之后，展示同学们课前思考所提出的问题。

PPT 展示：

1. 这明明是一篇新闻稿，为什么题目却说"奥斯维辛没有什么新闻"，作者想表达什么？

2. "从某种意义上说，在布热金卡，最可怕的事情是这里居然阳光明媚温暖，一行行白杨树婆娑起舞，在大门附近的草地上，还有儿童在追逐游戏。"这句话中"从某种意义上说"是哪种意义，为什么充满阳光的布热金卡是可怕的？

3. "解说员快步从这里走开，因为这里没有什么值得看的。"文章说每天来这里参观的人很多，为什么又说"没什么可看的"？

4. "在奥斯维辛没有可以祷告的地方。"祷告这种宗教仪式随时随地都可以做的，为什么说"在奥斯维辛没有可以祷告的地方"。

5. 为什么写雏菊花在废墟上绽放？

师：第 1 个问题是关于标题的。题目如人的眼睛，眼睛是心灵的窗户，同样，题目是阅读文章的钥匙，同学们关注到题目，就打开了阅读之门。下面请同学们听老师用两种方法读题目，找出有什么不同。（师读）

生：第一次老师重读在"没有"二字，第二次老师重读在"新闻"二字。

生：第一种强调这个地方成为历史，没有什么新闻，没有新的事情发生。第二种强调没有的只是新闻，不意味着它没有旧闻。

师：很好，听出了区别。就文章内容来说，你觉得作者要表达哪一个意思？

生：第二种意思。没有新闻，有的是旧闻。

师：请同学们找一找，奥斯维新的旧闻是什么？或者说奥斯维辛有什么？

生：毒气室、焚尸炉、女牢房、试验室、纪念墙、绞刑室。

师：我们怎么知道有这些？

生：是参观者所见。

师：文章除了写参观者所见，还对参观者有怎样的描写？

生：还写了参观者的感受。

师：有哪些感受？

生：恐惧、茫然、终生难忘、木然、窒息、惊惧。

师：除了参观者的所见所感外，还写了谁的所见所感？

生：作者的所见所感。作者所见是阳光、草地、儿童在游戏、白杨树、鲜花。所感是"可怕的"。

师：这是突破"零度写作"的写作方法。本文的写作是很有层次的，主要是作者的角度和参观者的角度这两个层次。奥斯维辛有这些，那么为什么说奥斯维新没有新闻？从文章内容的角度来看，作者是想写奥斯维辛有的还是想写奥斯维辛所没有的？

生：有的。

师：那为什么标题又叫"奥斯维辛没有什么新闻"？

生：文章主要内容写奥斯维辛有的东西，标题是"没有新闻"，我想作者是想以"没有"来衬托"有"的，用来强调奥斯维辛应该有的东西，不应该被忘记的东西。

师：你的理解很正确。标题起到眼睛的作用，引起读者的注意与兴趣，增强可读性，本文作者就是用"没有"来引起读者去注意文中的"有"。

师：解决了这个疑问，我们再来看同学们所提的 4 个问题。同学们之所以对这几个句子理解上有难度的原因何在？2、3、4 这三个问题中的句子与标题一样，都充满矛盾与反差，比如标题就是"有"新闻与"没有"新闻的矛盾。请同学们小组合作探究，找出文中类似的矛盾或反差。

生："最可怕的事情是这里居然阳光明媚温暖，一行行白杨树婆娑起舞，在大门附近的草地上，还有儿童在追逐游戏。"这是可怕与美好的矛盾。

生："解说员快步从这里走开，因为这里没有什么值得看的。""试验室锁门，却庆幸不用去看"，这是看与不看的矛盾。

师：我们就以"看与不看"这样的句式来归纳。上面的"可怕与美好"的矛盾，我们可归纳为什么呢？

生：美与不美。

师：很好，就用你的这个归纳。

生：一个参观者在自己胸前画十字，这就是在祷告，可作者却紧接着说"在奥斯维辛没有可以祷告的地方"。这是祷告与不能祷告的矛盾。

生：作者说"在奥斯维辛没有可供报道的新闻"，却又写出了一篇新闻稿。

师：我们可归纳为"写"与"不写"的矛盾。

生："这些面对着照相机镜头的男人和妇女，都知道死亡在等待着他们。他们表情木然。"但在众多的照片中作者发现有一个二十多岁的金发碧眼的姑娘在微笑着。作者为什么特别写这个姑娘，是木然与微笑的矛盾。

师：与前面的归纳保持一致，可归纳为笑与不笑的矛盾。

生：这个地方很恐怖，却有很多人来，很矛盾。

师：我们将这归纳为来与不来的矛盾。

生：新闻应该写当时的事，但作者却写的是十四年前参观奥斯维辛的事，不符合新闻及时性的特点，"没有新闻"是对新闻时效性的否定。

生：新闻稿侧重记叙事情，但本文却像一篇游记，走到哪里写哪里，写法与新闻的写法相矛盾。

师：这可归在写与不写那一组中。

生：新闻应该注重客观，但本文作者的主观色彩很浓厚，如"奥斯维辛应当是""不该有，不该有"，我归纳为有与没有的矛盾。

师：可以的。

生：毒气室和焚尸炉废墟上，却有雏菊花在怒放。这是废墟不废的矛盾。

师：很好。我们先就上面的矛盾之处来做一个总结，再看哪些矛盾是可以在文中找到答案的。

板书：

①看与不看　②写与不写　③美与不美　④废与不废

⑤笑与不笑　⑥有与没有　⑦来与不来　⑧祷告与不能祷告

师：有新闻与没有新闻的问题在前面我们已经探究过了。

生：写与不写的矛盾。"不写"是因为"奥斯维新的惨状被人们讲过了很多次。一些幸存者撰写的回忆录中谈到过"，集中营司令官霍斯的回忆录"详细介绍了这里进行的各种试验""在奥斯维新并没有可以报道的新闻"。

而"写"是因为"记者只有一种非写不可的使命感，这种使命感来源于一种不安的心情，在访问离开之后，如果不说些什么或写些什么就离开，那就对不起在这里遇难的人们"。

师：不写新闻是因为写过的人太多，写是因为作为一个记者的良知。

生：我说"来与不来"。文章第三段，"来"是"有人为了亲眼看看事情是不是像说得那样可怕，有人为了不使自己忘记过去，也有人想通过访问死难者受折磨的场所，来向他们致敬"。

师：第②与第⑦点在文中都有答案，剩下的几点请同学们思考。

生：看与不看，来到这里就是想亲眼看看，但门上锁了，就有一种如释重负的感觉，"不看"试验室侧面写出了法西斯的残酷，也表明参观者的不忍，因为太残酷了，同时也表现了对女囚的尊重。

师：你看出从参观者的感受来写法西斯的残酷是侧面描写，在文章中这样的描写很多。把人拿来做试验，人和动物已经没有什么区别了。"不看"是不想让自己太难受，类似的文章最后也有，"参观者你看着我，我看着你"。

生：我说祷告与不能祷告。参观者做祷告，说明法西斯的罪行是十分残酷的，不由得做祈祷。而不能祷告说明这个地方太黑暗，连无所不在、无所不能的上帝都不存在，所以没有可以做祷告的地方。

师：祷告一是祈求宽恕，一是祈求幸福，而两者在这里都不可能。因为法西斯分子的罪行是不可能得到宽恕的，同时这里也不可能有幸福可言。

生：关于笑与不笑。"不笑"是囚犯们知道对他们来说只有死路一条，面对死亡他们无能为力，而这个面对死神却在笑的女孩，可能死亡对于她来说是一种解脱，因为在这里活着充满了痛苦、绝望与无助。

师：谁不想活，可在这里生不如死啊。集中营的头目在囚犯到来的当天就对他们说："集中营进得来，出不去，除非从焚尸炉的烟囱里爬出去。"

生：我认为这个女孩笑是对死亡的蔑视，是对法西斯罪行的蔑视与嘲讽。尽管法西斯是那样的丧心病狂，那样的惨无人道，但你们也奈何不了我在微笑，也可以看出女孩的乐观。

生：我认为女孩子笑是她想到了过去甜蜜而美好的事情，在这种恶劣的环境中，这些美好的事情给了她生活下去的希望。

师：也就是说她的笑含有希望。那请你说说是什么美好的事情让她笑了，她又有什么美好的希望？

生：美好的事情可能是以往和家人的一餐饭，和同学一起玩耍、上课，总之是没有杀戮的自由的生活，而她的希望就是能这样生活。

师：同学们，一餐饭，一堂课，和平年代是多么平常的事，但战争时期却成了奢望。同学们，当我们坐在这里上课时，伊拉克、利比亚、叙利亚仍然炮火连天，你想说什么吗？

生：珍惜与感恩。

生：我自豪我生在中国，平安而快乐。

生：居安思危，我们也曾受日本帝国主义的奴役，只有我们强大了，才不会重蹈覆辙，悲剧才不会重演。

师：反思深刻。从女孩子身上我们可以看到法西斯是无情的，但美好的精神可以永恒！

生：关于废墟不废。杀人无数的毒气室和焚尸炉被炸成废墟，说明法西斯分子妄图掩盖罪行。杀人工具都变成了废墟，但一朵小雏菊却在盛开，讽刺纳粹永远无法阻碍生命之花的绽放。

生：毒气室和焚尸炉这些看似很强大的东西，其实也是最不堪一击的。

生：一边是残害生命的毒气室和焚尸炉，一边是生机勃勃的小花，两种反差构成了鲜明的对比，作者不用发表一句议论，只是客观地记叙，但却是对法西斯灭绝人性的罪行的有力控诉，也充满了对生命的敬意。

生：关于美与不美，作者认为现在奥斯维辛的绿树、阳光等美好事物是可怕的，这里应是永远没有太阳，美好的事物在这里是不合适的。我想，因为刚才说了奥斯维辛是地狱的代名词，地狱怎么可能出现阳光呢，这里要一直阴暗可怕才对。

师：难道作者是想回到那个恐怖的时期吗？让这里永远黑暗，没有阳光？

生：我想作者想让这种恐怖一直保留，用来警示后人！怕随着时间的流逝，这段历史被人们忘记而重蹈覆辙。

师：理解得很透彻。阴冷、死亡是对死难者的纪念，是对生者的警告，地狱里面长出的家园是可耻的，忘记灾难最好的方式是没有灾难，但可能这还会造成一场更大的灾难！大家想想，我们的圆明园是重建一个好呢还是让遗址永远矗立在那里好？应让它残缺、荒芜在那里，而不是浅薄地重建，因为"从某种意义上说"，残酷、冰冷才是圆明园的灵魂，才是布热金卡的灵魂！

师：作者再写奥斯维辛过去的惨状已经没有意义，于是他换了一个角度来写，他写参观者看到的东西，通过写参观者的表情，我们可见当时的恐怖。但作者更想表达的是，这里虽然曾经十分恐怖，但这里仍然有生命的力量，从那朵雏菊可见，从那一抹笑容可见，包括人的良知尚存可见，因为人们再多看一眼都受不了。所以作者说"奥斯维辛没有什么新闻"，没有什么新闻，那要写什么，其价值在哪里？不是要写恐怖，而是要写，曾经恐怖的地方带给我们多少有关生命的向往、尊重与反省。

师：最后老师想请一位同学谈谈学了这篇文章的感受以此来结束本节课。

生：奥斯维辛没有什么新闻，但它却有人类最可耻的历史，有永远抹不去的旧闻；奥斯维辛没有什么新闻，那是因为奥斯维辛永远不能产生新闻，永远不需要新闻，如果它有新闻的话，我想那恰恰是人类的噩梦。


**备教感悟：**

阅读是一种发现，发现更宽广的世界，发现另一个自己；教学是一种改变，改变落后的思想，改变守旧的方法。但教师常在不自觉或不信任中，以专家的阅读代替学生的阅读，以教师自己的阅读代替学生的阅读，这是一些普通教师甚至名师常犯的错误。阅读教学就是对学生读不懂的地方予以点拨，对学生读不到的地方予以提示，所谓"不愤不启，不悱不发"。叶圣陶先生在《谈教学生的着重点》中说："语文教师不是只给学生讲书的，语文教师是引导学生看书读书的。一篇文章，学生也能粗略地看懂，可是深奥些的地方，隐藏在字面背后的意义，他们就未必能够领会。老师必须在这些场合给学生指点一下，只要三言两语，不要啰里啰唆，能使他们开窍就行，老师经常这样做，学生看书读书的能力自然会提高。"在本课的教学中，我时时提醒自己，一切的教学手段与方法都应该是以学生为出发点，而不是以教师自己为出发点。

首先，将本课的预习要点如新闻的文体特点、奥斯维新的相关介绍和作者介绍交给学生课前查资料来完成，然后小组选派代表课上进行陈述。学生展示了多少内容，介绍得是否有深度，是否有自己的思考，从这些都可检查出预习的效果。其实，学生很喜欢这些教学活动，特别是代表本组进行课堂展示，学生的表现欲极强，效果也很好。我有一种没有浪费一兵一卒，就大获全胜的感觉。

其次，以学生自主阅读时产生的疑问为切入点组织教学。学生要能提出问题，特别是要提出高质量的问题，需要静下心来阅读，从文本出发，以语言为依托，并将自己的阅读经验、情感认知、价值判断等融入个性化的阅读中去，在提要钩玄中，获得不一定新颖，但一定是最有"价值"的发现。针对本文，学生的确提出了一些很值得研究的问题，对文本仔细钻研的教师会发现第2、3、4个问题中的句子有相同之处，都是内容上充满矛盾与反差，而这样的句子在文中还有一些，也正是从解决这个问题串起了本节课的教学线索，学生在文中找出八组矛盾对立的表述并展开研讨。在充满矛盾的语言中去发现作者不同于别人的理性的思考。因此，我认为教学内容的确定和教学目标的设置，要以学生的阅读为中心，才能形成高效课堂。教师在阅读教学中凭借自身深厚的语文素养和优化课堂教学的功力，对学生进行正确引导，适时示范和精要点评，在师生、生生、生本高效互动中，达到拓展学生思维、提升学生阅读能力的目的。

# 《祝福》教学实录

## ——于无声处响惊雷

**教材分析**：本课是人教版高中语文必修三第一单元小说单元的第二篇课文，本单元学习小说，既是初中小说学习的连接点，又是高中小说学习的起始点。品味语言是单元教学目标之一，本节课就紧紧围绕品味语言设计教学环节，力图让学生掌握鉴赏小说的基本方法，提高欣赏小说的能力。

**学情分析**：对于鲁迅的小说，学生并不陌生，小学学过《社戏》、初中学过《孔乙己》，不仅不陌生，而且还很喜欢，这对于进入教学起着很好的作用。但也看到，学生的喜欢仅停留在感性认识上，注重小说的情节而忽视小说的语言、结构等艺术手法，因此对于小说的精髓、奥妙之处是不明了的。

**学习目标**：通过品味语言，鉴赏并挖掘小说细节中的深刻内涵。

**学习重点**：如何品味语言。

**学习难点**：鉴赏并挖掘小说细节的深刻内涵。

**教学时数**：一课时。

## 一、导入新课

转述故事：上两节课我们介绍了小说《祝福》的时代背景，梳理了每一部分的主要内容，分析了小说对主要人物祥林嫂所采用的白描的艺术手法的作用。下面请同学们根据小说人物的性格，选其中一个作为叙述者，讲述祥林嫂的故事。

PPT 展示：

请你以柳妈、四婶、鲁四爷、祥林嫂的婆婆、鲁镇某人等小说中的人的口吻叙述祥林嫂的经历。

（五分钟后）

生：我以柳妈的口吻来说。祥林嫂没了，在昨天，也不知什么时辰没的，唉！就这么个不洁之人，还是早点走的好。即使捐了门槛，也还是赎不了罪的，可见罪太大了。这一走，不知到了地下，又闹出个什么事来哟，阿弥陀佛，阿弥陀佛……不过，这个祥林嫂，当初还真是个勤快、能干的人，有她在，我的活就少了许多。

师：你用了"没了""走"这些隐讳的词，很好。我们知道小说中的柳妈是个"善女人"，你在这用了"阿弥陀佛"来突出这个特点，情节设计合理。

生：我以四婶的口吻来叙述。老爷，我上一次看见祥林婶，还是在她离开我们家之后的两年，算起来也有六七年了吧。唉哟，老爷，您不知道祥林嫂那模样，又脏又臭又老，挂个破竹杖，提个破篮子，两眼发直，连我都认不出了，纯粹是一个乞丐嘛，哪还有一点第一次到我们家时那干净利索样。老爷，还是您英明，不让她碰祭品，这就是个不吉利的人，不守妇道，还是个克星，嫁了两个男人，两个男人都没好结果！阿弥陀佛，还好当初趁早赶她走了。如今老了，也算是做了点好事，不脏了大家的眼。

师：你的这一段叙述，将故事情节做了"嫁接"，设计很合理。从四婶对鲁四爷的称呼，可见鲁四爷的家长地位。

生：我选的是贺老六的哥哥的角度。"当初还想赖在贺家，门都没有！还是把这个丧门星赶走了好。"贺老大恨恨地说，"真是个扫把星，当初我真是瞎了眼，就不该给兄弟找这个寡妇！不仅害了我兄弟，还害死了阿毛，扫把星，这个该死的寡妇！听说她真的死了，就在昨天，大过年的，真是晦气！"

师：从贺老六的哥哥的话得知祥林嫂是寡妇再嫁，她在贺老六和阿毛死了后，被赶出贺家，后在过年期间死去。精练地概括了祥林嫂的经历。课文中称寡妇为"回头人"，鲁镇人忌讳说寡妇，大家注意没有。我想这一句改成"这个该死的回头人"或"这个该死的扫把星"，这样是不是更能表现对祥林嫂的厌恶之情。

生：我选卫老婆子来叙述。我这个人就是喜欢做善事。因为我的面子，祥林嫂第二次没了当家人之后才能到四爷家做工，否则谁会收一个回头人呢！祥林嫂也真是个苦命人，没了丈夫，没了娃子，被大伯撵出来，无依无靠的，你说，我不帮她，谁帮她呢？可惜，这个人后来疯了，做不成事，像四爷这么好的人家到哪去找，被赶出门，真是活该。死了好，死了好，否则……

师：你的最后一句"否则"没说完，想表达什么？

生：想表达很多，如否则让人讨厌，或者否则受罪等。

师总结：同学们，从你们选择的角色的叙述来看，无论谁都认为祥林嫂非死不可。祥林嫂，一个善良勤劳与世无争的人，她的存在只会给人方便，绝不会给他人带来一丝伤害。为什么鲁镇所有人都容她不下？是封建礼教毒害了人们的思想，他们在不自觉中扮演着从肉体到精神上摧残祥林嫂的帮凶。可是，可怜的人啊，自己做着奴隶，却又在残害同是奴隶的人。读《祝福》，我们感受到鲁迅的悲凉与激愤，看到了作为思想家的鲁迅的深刻与伟大。

## 二、提问解惑

师：上节课我们对小说的人物、情节进行了赏析，由于时间的限制，可能同学们还有一些问题，这节课请同学们就本文提出疑问，然后交流探讨。

（让学生提问，实际上是了解学生读书的深入程度、思考的深度）

生：小说第一部分用"祥林嫂"来称呼小说的主人公，但在小说后文还有几处又反复出现这样的话："卫老婆子叫她祥林嫂""大家都叫她祥林嫂""大家仍然叫她祥林嫂""镇上的人家也仍然叫她祥林嫂"，我们觉得这样写太啰唆了，但鲁迅先生这样写想表达什么呢？

师：读书很细，在不同的文段发现了这样相似的几句话。像这样重复几乎相同内容但又有不同用意的情节，小说中还有几处，同学们发现了吗？

生：小说中有六次提到钱。第一次是说福兴楼的鱼翅，一元一盘，价廉物美。第二次出现钱，是祥林嫂初到鲁镇的工钱，每月工钱五百文。第三次是卫老婆子领人绑架祥林嫂，四爷给祥林嫂算工钱，一共一千七百五十文。第四次是祥林嫂被卖到深山野墺里，婆婆到手的"八十千"，给二儿子娶媳妇，财礼只花了五十千，除去办喜事的费用，还剩十多千。第五次是祥林嫂听信柳妈的话，认为捐门槛就能赎罪，于是拿出多年积攒的钱去土地庙，"价目是大钱十二千"。最后一次是为捐门槛，"她才从四婶手里支取了历来积存的工钱，换算了十二银元"。后面五次提到钱，让读者知道祥林嫂的工钱和捐门槛的钱，这都还好理解，但说福兴楼的鱼翅一元一盘，有什么作用呢？删去对小说也没有什么影响，但鲁迅先生为什么要写呢？

师：主体没有参与的阅读是没有灵魂的阅读。你们在看似无疑的地方提出了一个很有价值的问题，而且表述得非常清晰。

生：我们组是关于鲁四爷的两个问题。一处的"可恶！然而……"合在一起说，另一处是分开说的，有什么不同。

小说第二段写：一边的对联已经脱落，松松的卷了放在长桌上，一边的还在，道是"事理通达心气平和"。我的问题是还有一边对联是什么？作者为什么说对联脱落。如果写成一副什么的对联贴在四叔的书房里，这样行不行？

生：还有为什么写四爷大骂新党的事？

师：这些细节描写虽然没有重复写，有什么深意的确值得探讨。

生：小说中三次写到雪花。第一次在小说第一部分的开头："天色愈阴暗了，下午竟下起雪来，雪花大的竟有梅花那么大，满天飞舞，夹着烟霭和忙碌的气色，将鲁镇乱成一团糟。"第二次在第一部分的最后："雪花落在积得厚厚的雪褥上面，听去似乎瑟瑟有声，使人更加感到沉寂。"第三次是小说的最后："又隐约听到远处的爆竹声连绵不断，似乎合成一天音响的浓云，夹着团团飞舞的雪花，拥抱了全市镇。"三次雪花应该不仅仅表明故事发生的季节，三次所写的雪花作用有什么不同？

师：你们问的是雪花作用有什么不同，说明你已发现不同了，具体有什么不同，我们接着会讨论。看来同学们还是认真阅读小说了，才会有这些很有价值的疑问，下面我们依次来解密。

（一）一个称呼

生：我觉得作者多次强调主人公叫"祥林嫂"，似乎在暗示读者什么，但我一下子又说不出来。

（众生笑）

师：祥林嫂的第一任丈夫叫什么名字？

（生懵）

师：看名字啊！

生：祥林。

师：她永远被人们叫祥林嫂，即使她嫁给了贺老六，作者想暗示我们什么？

生：这不是啰唆，也不是暗示，而是一种强调，鲁迅先生想强调旧中国妇女地位的低下，她们连自己的姓氏都不为人知。

生：前两次叫她祥林嫂，这还说得通，但后两次"大家仍然叫她祥林嫂""镇上的人们也仍然叫他祥林嫂"，她的丈夫已经是贺老六了，为什么作者要强调人们这样叫她？

师：这下非要打破砂锅不可了。请同学们结合小说的主题来思考。

生：小说的主题是揭示封建礼教对劳动妇女的摧残，族权、夫权、神权对她们的奴役。小说这个情节就体现了旧社会中国妇女根深蒂固的从一而终的思想。

师：作者用"都""仍然""也仍然"这些词，一方面引起读者的注意，另一方面让读者体会到"三从四德""饿死事小，失节事大"的封建思想充斥于社会的各个角落，牢牢地束缚着各个阶层的人的思想，甚至于像祥林嫂这样受压迫的人。小说以巧妙的故事情节生动地展示造成祥林嫂悲惨命运的典型的社会环境，也进一步突出小说的主题。同学们，我们一般是窥一斑而知全豹，但今天我们从全豹去认识一斑，也就是从整体去认识局部。

（二）一盘鱼翅

师：第二个问题，小说为什么写钱？

生：祥林嫂的工钱五百文，但她做的活却很多。文章这样写：试工期内，她整天的做，似乎闲着就无聊，又有力，简直抵得过一个男子。四爷也因这一点才勉强留下她，也体现了祥林嫂的勤劳。

生：祥林嫂的工钱不是被婆婆拿走，就是拿去捐一点用处也没有的门槛，体现了族权、神权对她的压榨。

师：同学会从整体上去思考问题了，看到了事情的本质。那一元一大盘鱼翅又说明什么呢？捐门槛的钱是十二千，即十二银元，就说明一元是一千文钱。而福兴楼的鱼翅一元一大盘，"物美价廉"，把这和祥林嫂的工钱联系起来对比思考。

生：祥林嫂一月的工钱五百文，连一盘菜都比不上，如果说一元一大盘的鱼翅"物美价廉"，那么祥林嫂就是"人美价贱"了。

生：小说写道："她的做工却丝毫没有懈，食物不论，力气是不惜的。人们都说鲁四爷家里雇着了女工，实在比勤快的男人还勤快。到年底，扫尘，洗地，杀鸡，宰鹅，彻夜的煮福礼，全是一人担当，竟没有添短工。"我想作者在这里不动声色地将工钱和菜钱进行对比，写出了祥林嫂的勤劳、善良、吃苦耐劳而所得太少之外，也突出了四爷所代表的封建统治阶级对劳动人民的压榨与剥削。

师：通过对比分析，看似可有可无的闲笔，却意味深长，仔细咀嚼，不得不佩服鲁迅先生高超的写作技巧和深邃的思想。先生用他明察秋毫的眼睛冷静地看着，用他平实细腻的笔触讲述着，寥寥数语，就将鲁四爷对祥林嫂的剥削、敲骨吸髓的压榨，生动、鲜明地展现在读者面前。

（三）一副对联

师：从上面的分析我们看到了鲁四爷对祥林嫂的残酷的剥削和压迫。除此之外，他还是个怎样的人呢？我们一起来探讨第三组同学提出的问题。关于书房的对联，我告诉大家，另一联是"品节详明德性坚定"，那么哪一句是上联呢？我们先看滁州醉翁亭上的一副对联，看看这副对联上联最末一个字与下联最末一个字的读音是否相同？

PPT 展示：

上联"翁去八百年，醉乡犹在"。

下联"山行六七里，亭影不孤"。

生：有。上联最末一个字是上声，下联最末一个字是平声。这样看来，"品节详明德性坚定"是上联，书上写的是下联。

生：老师，为什么鲁迅先生安排上联这一句脱落呢？

师：问得好。谁来回答。

生：脱落是不是说鲁四爷没有这品质。

生："事理通达心气和平"这种品质鲁四爷也没有啊，但作者仍让它挂在墙上，只是鲁四爷用来装点门面的而已。

师：同学们从小说描写中想象一下鲁四爷的书屋是什么样的？

生：对联脱落，窗下案头一堆书。过年了，应该整理一下书房，毕竟他是一个读书人。但他的书房却是零乱的，说明他并不爱书，那些书是用来装点门面的而已。

师：有道理，可以看出鲁四爷是个怎样的人呢？注释中说，这副对联是理学家所宣扬的自我修养的标准，用在这里意味深长啊！同学们联系小说全文以及主题来思考，从整体走向局部来分析。

生：我想这里作者运用讽刺的手法，批判鲁四爷的德性既不坚定，心气也不和平，可见他是个道貌岸然的伪君子。

师：鲁四爷不仅残酷，言行不一，还反动和保守，体现在文中他大骂新党。鲁四爷口中的新党是谁？

生：康有为。老师，为什么鲁迅先生说"他骂的还是康有为"，而不说"他骂的是康有为"呢？

师：请同学们认真研究注解⑤"新党：清末对主张或倾向维新的人的称呼；辛亥革命前后，也有用它称呼革命党人或拥护革命的人。"小说反映的是辛亥革命之后的社会现状，按道理，鲁四爷骂的应该是谁？

生：应该是孙中山为代表的革命党人。

师：但他骂的还是康有为？这说明什么？

生：说明鲁四爷不知道外面的世界已经发生了翻天覆地的变革了，他还认为是清代。

生：还说明鲁镇的封闭与落后，这里的封建思想之浓厚、深重，人们思想的保守与愚昧。

师：对。这种封建遗迹在鲁镇到处都是，鲁迅先生以祥林嫂的悲惨遭遇来控诉封建社会给劳动人民带来的肉体和精神上的双重压迫。还不仅于此，康有为，何许人？戊戌变法六君子之一。而戊戌变法的目的是在保护清政府的前提下，使中国发展资本主义，摆脱民族危机。可见，康有为是竭力维护清政府统治的，那鲁四爷为什么要骂康有为呢？因为康有为变了祖宗之法。鲁四爷还是一个怎样的人呢？

生：鲁四爷是腐朽的清王朝的忠实分子。

生：说明鲁四爷的反动本质，他反对一切新兴事物，他妄想阻碍历史前进的车轮。

（四）一句话

师：对。我们再联系上下文，从"可恶""然而"两个词来进一步认清鲁四爷的真面目。

生：根据上下文，文中的两个"可恶"都是指卫老婆子。是卫老婆子荐祥林嫂来的，又合伙把她劫走，且闹得沸反盈天，这让他这个鲁镇的大户人家很没面子，所以卫老婆子可恶。"然而"表示转折，但我不知道该怎么补充后面的内容。

生：我觉得第一个"可恶"应该是指祥林嫂的婆婆可恶，鲁四爷觉得他已经把祥林嫂的工钱全部给了祥林嫂的婆婆，放人让她带去，却弄得沸反盈天，实在可恶。第二个"可恶"才是指卫老婆子。这样"然而"才能说得通。

师：你把"然而"后面的话补充完整。

生：祥林嫂的婆婆实在可恶，然而，做婆婆的叫媳妇回家，实在是天经地义的事。因为小说前面鲁四爷说了这样一句话："既然是她的婆婆要她回去，那有什么话可说呢。"表明鲁四爷认同祥林嫂婆婆的做法。

师：主谋的是祥林嫂的婆婆，卫老婆子只是帮凶。这种理解才符合小说的主题，揭露了鲁四爷他们的封建思想对人的残害。最后的"然而……"怎么理解？

生：鲁四爷这句没说完的话接卫老婆子说"再荐一个好的来折罪"。我想这个"然而"表示没有比祥林嫂更好的了。

（五）一片雪花

师：对。我们读书一定要结合上下文来理解，才能将文章读弄，才能读到纸背后的东西。本篇小说中看似重复的情节和语言，恰恰却是点睛之笔、神来之笔，穷形尽相，意味深长。还有三次对雪花的描写，同学们又发现出什么没有？我们一起朗读这三处。

（生读）

生：第一处是在小说开头，满天飞舞的雪花将鲁镇乱成一团糟，渲染了旧历新年的鲁镇乱糟糟的氛围，也为下文写我因遇见祥林嫂而纷乱的心情做铺垫。

生：我觉得小说开头有"四乱"，一是鲁镇的人们在为祝福而忙乱着，二是鲁四爷书房的零乱，三是我心情的烦乱，四是这些乱都在满天乱舞的雪花的映衬下显得更乱了。

师：你的"四乱"的总结有深意。雪花有铺垫、衬托的作用，也为小说奠定了悲凉的基调。

生：第二处写雪花"似乎瑟瑟有声"，是以声写静，突出环境的寂静与冷清，从而想起命运悲惨、身世悲凉的祥林嫂。

师：雪夜的冷寂映衬了祥林嫂悲凉的一生。

生：作者突出环境的寂静，也衬托"我"的心情郁闷、无聊。

生：最后一次写到雪花是小说的结尾，四叔家正在准备福礼，爆竹声连绵不断，新年将至，"团团飞舞的雪花，拥抱了全市镇"，结合这些，我认为这里写雪花，作者希望旧的、腐朽的一切被雪花埋葬，新世界将是一片干净、纯洁的世界，所谓新年新气象。

师：这个解读有新意，也说得通。作者对雪花寄予象征意义，埋葬旧世界，创造新的世界。

生：第一次写雪花满天飞舞是体现鲁镇的乱；新年将至时写满天飞舞的雪花是烘托一种欢快的气氛，我认为这里是以乐景写哀情。

师：谁乐，谁哀？

生：鲁镇中买得起福礼和爆竹的人乐，他们在庆祝新年，作者借此来衬托穷人的哀，特别衬托在新年来临之际死去的祥林嫂的悲惨命运，小说结尾含蓄地表达了作者的批判与愤慨之情。

师：一切景语皆情语，是作者或小说人物思想情感的外在表现，在这里可以说"片片雪花总关情"。

同学们，我们通过对小说中的一盘鱼翅、一副对联、一个称呼、一句话和一片雪花这些细节的深入分析，鉴赏了这些散见于小说中的看似寻常而不起眼的情节，感受到鲁迅先生独具匠心的构思。这些看似可有可无的闲笔，却有着惊心动魄的艺术魅力，于无声处响惊雷！


**备教感悟：**

《祝福》是一篇一万多字的长文，如何在有限的课时里完成教学任务，我选择"删繁就简"，不面面俱到地细讲。作者介绍、小说时代背景，学生从教辅书上都可以了解到，第一课时主要完成两个任务：一是学生根据小说情节的序幕、开端、发展、高潮、结局理清小说主要内容；二是鉴赏小说对主人公祥林嫂所采用的白描的艺术手法，从而了解祥林嫂的悲惨命运。第二课时该怎么处理？每一篇课文可教学的内容很多，若面面俱到，"胡子眉毛一把抓"，只能于无形中淡化重点，教学要有一个科学而合理的抉择，以最优化的方法引导学生完成重点、难点的突破。单元目标品味语言，是本课的教学重点。而如何品味语言？品味哪些语言？通过仔细认真研读，我发现小说中有一些看起来无关紧要的语言却又是那么耐人寻味，而且在本篇小说中还很多，于是将品味语言定位在寻找小说中重复的语言或重复的描写，我以此为切入点进行教学，起到了牵一发而动全身的作用，正如布鲁纳的认知理论认为："任何学科的内容都可以用更为经济、富有活力的简约方法表达出来，从而使学习者易于掌握"。我认为教学也可以这样做。从对一个称呼、一副对联、一句话、一片雪花的探究中，学生于平时无疑处频频生疑：为什么总这样称呼；为什么要贴这么一副对联，对联为什么是脱落的；为什么"可恶"之后要转折，雪花有什么别的寓意吗；等等。课堂时而静谧，时而热烈，在这当中，同学们发现了鲁迅先生惊人的艺术表现力和非同凡响的语言魅力，一字一句，尽显风流！有活力的教学一定是干净的，不旁逸斜出，教学目标清晰，教学方法简约，在清晰简约中，阅读教学才更富有活力和生机！

学生的阅读常常是浮光掠影的，粗枝大叶地了解故事情节之后，对文本的艺术技巧的品鉴几乎没有。浮于表层，难以深入。这是教师要帮助学生解决的问题。语文阅读教学如何让学生进行深入阅读，本节课我尝试让学生注意文本中的细微处，往往细微处见精神，鲁迅先生的文章更是如此。曹文轩说："阅读与不阅读区别出两种截然不同的生活方式或人生方式。两边是完全不一样的风景：一面草长莺飞，繁花似锦；一面是一望无际的荒凉。"如何让学生在阅读中获得"草长莺飞、繁花似锦"的美妙感受，从细微处着手，和学生一起在细微处游弋，细微处蕴含着深邃思想，细微中潜藏着惊涛骇浪，细微中包容着宏大丰富，细微中沉淀着平实冲淡，无"微"不至，由表及里，最终方迎来阅读的春天！

# 《中国建筑的特征》教学实录

**教材分析**：本文是人教版高中语文必修5第四单元的第一课，本单元主要学习自然科学小论文，属于实用类文本。本文的作者梁思诚先生是学贯中西的建筑家，认真品读课文，不仅能收获有关中国建筑学的科学知识，而且还能从作者严谨的表述中，感受到作者心中涌动的强烈的民族情怀和高雅独特的审美境界。

单元提示中明确要求：在学习过程中，要理清作者的思路，归纳文章的观点，加深对课文内容的理解；同时，还要注意品味简洁、严密、明晰的语言。因此，执教本课的重点就是理清作者行文思路及其原因，学着用简洁的语言介绍事物的特征。

**学情分析**：学生在初中学过一些说明文，对说明顺序和说明方法有所了解，但对于自然科学论文，高二的学生只在必修三所学的《宇宙的边疆》有所接触。但对于此类科学小论文的语言的准确性及行文思路的严谨性，学生还需要在教师的引导下才能获得相应知识。

**学习目标**：

1. 了解"斗拱""举架""梁架""瓦当"等中国古建筑术语。

2. 学会用课文中的古建筑术语及说明方法介绍古典建筑的特征。

3. 学会按一定说明顺序介绍所熟知的古典建筑的特征。

# 第一课时

## 一、导入新课

师：中华民族世代生息于亚洲大陆的东部，东观沧海，北邻大漠，西有高原，南接密林，经过数千年文明的演进，创造了光辉灿烂、不拘一格的中华文化，中国建筑就是为世人所瞩目的一种，初中时同学们学过一些介绍建筑的课文《苏州园林》《中国石拱桥》。今天，我们随着建筑大师梁思诚用专业的眼光去欣赏、审视中国建筑独特的美！

PPT 展示学生课前疑问：

1. 本文议论的篇幅多，说明的篇幅相对较少，这是一篇说明文还是议论文？议论部分可以去掉吗？

2. 这九个特征是以什么顺序来安排的？

3. 语文课讲"中国建筑的特征"，不是让我们去学如何修建房屋，我们可以从这篇文章提升哪方面的语文能力？

4. "中国建筑的特征"，可是后面没有介绍结构特征，用一半篇幅去讲中国建筑的文法和词汇，为什么？

师：从同学们的问题，特别是第 1、3、4 这三个问题，老师认为你们的课前预习是学有所得的。爱因斯坦说过，有时提出一个问题往往比解决一个问题更重要，从这个角度来说，同学们学会了思考，下面我们就带着问题来学习。

## 二、课文初探

PPT 展示：

林黛玉扶着婆子的手，进了垂花门，两边是抄手游廊，当中是穿堂，当地放着一个紫檀架子大理石的大插屏。转过插屏，小小的三间厅，厅后就是后面的正房大院。正面五间上房，皆雕梁画栋，两边穿山游廊厢房……

师：这一段文字是作者曹雪芹对林黛玉进入荣国府后所经之处的介绍，同学们找一找这段文字中有哪些古建筑元素。

生：垂花门、抄手游廊、穿堂、游廊厢房。

多媒体展示：中国建筑的多幅图片（图片略）

师：下面让我们一起来熟悉中国建筑，请同学们看图片，你能说出这些图片所展示的是中国建筑的哪个部位吗？检查同学们对课文的熟悉程度。

生：图一是台基和台基前的石墁，图二是回廊，图三是天井，图六是脊吻和瓦当。

师：脊吻是蹲坐在古建筑屋脊上的仙人神兽，排在最前面的叫"骑凤仙人"，它不仅有装饰的作用，还起着固定垂脊上第一块瓦件的作用。垂脊上的吻兽随着殿宇等级不同而数目不同，太和殿的吻兽数目最多，有11个，每种吻兽有自己的名称和含意，如海马象征皇家的威德，有可通天入海之意。

生：图五是屋脊，图七是穹隆顶，图八是斗拱，图九的横、竖的柱子不知道术语是什么。

师：图九横的是横梁，竖的是立柱，由立柱和横梁构成的是梁架。书中还有一些建筑专用术语见后几张图，如第六特征中的"出檐"，第八特征中的"梁头""额枋""昂"等。同学们了解古建筑的这些构成，对古建筑就有了直观上的印象，也加深了对文章的理解。

### 三、理清文章写作思路

师：《中国建筑的特征》一文共写了中国建筑的九个特征，作者对这九个特征是平均着力来介绍的吗？

生：不是，作者详写三、四、六这三个特征。

师：这样的话，问题就来了，作者共介绍了九个特征，重点介绍了三、四、六这三个特征，老师想把写作顺序重新排列，以三、四、六、一、二、五、七、八、九的顺序来排，行吗？

生：不行，作者是按一定顺序来写的，从总体到局部一个特征一个特征来介绍的。

生：第一、第二大概是从整体介绍，后边是一个局部一个局部来介绍的。

师：我们来理一下思路，既然说第一、二是总体介绍，从刚才发言来看，同学们的思路还不太清晰，但现在我们找到了一个头绪，第一、二是总体介绍，其他几个特征从哪些方面来介绍的？

生：三到六写中国建筑的结构特征，七到九写中国建筑的装饰特征。

师：对这样的归纳有没有别的意见？

生：我认为第六特征前两行在写结构特征，剩下的七行都写装饰特征，有一个句子"它的壮丽的装饰性也很早就被发现而予以重视"，从这句过渡到写装饰特征，所以第六点归为装饰特征。

师：说得有理有据。

板书：

> 总体特征：（一）（二）
>
> 结构特征：（三）（四）（五）
>
> 装饰特征：（六）（七）（八）（九）

生：老师，我有一个疑问，将装饰特征排在结构特征之前行吗？

师：哪位同学来解答这个问题？

生：建筑物的结构特征要比装饰特征重要，作者是按先主后次的方法来排序的。

师：作者写作的总体思路，是先讲总体特征，然后是结构特征、装饰特征，而这些特征又是按从总体到局部、从主到次的顺序来安排的。虽然多达九个特征，但在这个思路的指导下，要写得很清晰，这就要讲究写作顺序。在写作上有一个理论叫全息理论。全息理论是生物学上的概念，说生物体上的任何一个器官，把它解剖开之后，都包括整体的特征。现在我们把其中的任何一段摘出来，它都有整篇文章的思路特点，大家相信吗？

生：信！

师：是盲目的信还是有根据的信？

生：每个特征都是先是从总体特征介绍，再深入局部特征。如斗拱，先介绍什么是斗拱，让读者有整体认识，然后再一点点地介绍形态、作用等。

师：还是有根据的，没有盲从。

板书：

总体特征→局部特征　主要特征→次要特征

**四、深入解读文本**

师：既然同学说的是斗拱，我们就先从斗拱这个特征探究起。探究写作思路，也就是说明顺序，明确先写什么、后写什么。请同学们用导图的形式表现作者的写作思路。

生板书：

下定义→作用→ { 减少剪力　加固横木　装饰性 }

师：完整吗？

生板书：

下定义→作用→ { 减少剪力　加固横木　承托作用　装饰性 }

师：应该是四个作用。如果每个作用都用一个词来概括的话，你选哪个词？

生：剪力、加固、承托和装饰。

师：同学们总结一下，可以根据什么来将这一段划分出这四个作用的？看同学们会不会读书。

生：可以根据关键词。我抓住了剪力、加固、承托和装饰这四个关键词。

师：当我们去抓取一段话的主要信息时，我们去抓它的关键词，这个方法很好。还有其他方法吗？

生：可以根据关联词。关联词语连接前后的两个分句，使前后句有层次变化和语意重点的变化。

师：我们知道表示转折关系和递进关系的句子，语意的重点在后面；因果关系的句子，分清是前因后果还是前果后因。

生：可以从标点符号来判断。一个句号可能就是一层意思，再在这一层里找到关键词，如剪力、加固、承托和装饰就是四个关键词。

师：同学们找到了阅读的一些规律性的方法，可以帮助提高阅读的能力，特别是在考试时能很快地读懂句子，提高做题效率和准确度。

师：关于中国建筑的优点，作者在第三点、第四点都做了介绍。如果我们把斗拱的这一部分单独摘取出来，是不是也是一篇独立的小文章，这篇小文章也和整篇文章在结构上是一样的，这就是写作的全息理论，而同学们写作的毛病在哪里呢？有时候同学们注意了整篇文章的结构，而忽视了一段的结构，今天学习了写作的全息理论，你就要在以后的写作中注意，我这一段该怎么写，我的思路是怎样的，要像构思全篇一样来布局谋篇。

# 第二课时

## 一、课程讲解

师：第三段是讲中国建筑是木结构的，木结构有什么优点？请同学们齐读。

生：木结构有一个最大的特点就是墙壁不承重。我以前不知道这一点。

师：墙壁不承重有什么好处，同学们知道吗？

（生纷纷摇头）

师：这里老师给同学们讲一个真实的事情。1996年2月，联合国派专家到中国云南丽江考察，因为当时云南丽江申报世界文化遗产，可专家到北京后，正赶上丽江发生地震，专家犹豫去还是不去呢？最后还是决定去。到了丽江后发现，当地的高楼大厦倒塌了，而古建筑只是墙倒了，同学们想一想，古建筑留下了什么？

生：柱子。

师：只是柱子吗？留下的房子的框架，完好无损。于是专家说，只要稍做修缮，仍可以申报世界文化遗产。于是到了第二年，联合国就批准丽江申报世界文化遗产。同学们，这就是我们的墙不承重的木结构房的优点。

师：现在问一个小问题，特征三和特征四这两个顺序可不可以颠倒？

生：不行。

师：为什么？

生：特征三是说结构方法，是一栋房子的总体结构，从特征四往下逐一地介绍。

师：听清楚问题，我只问特征三和特征四能不能颠倒顺序？三讲的是木结构，四讲的还是木结构，讲的是木结构中的斗拱的结构，现在老师把特征三与特征四交换个位置，行吗？

生：如果交换位置，使人没有鸟瞰全貌的感觉。特征三在前，让读者先掌握整体特征是木结构，在木结构中再来介绍斗拱，特征三和特征四有内在的逻辑关系。

师：还有一个原因，大家注意"这就是说房身部分是以木材做立柱和横梁，成为一副梁架"，什么是"梁架"，"梁架"这个熟语出现了吧，再看看特征四，明白为什么不能交换了吗？哪位同学来说一说。

生：特征四是斗拱特征，特征三里提出"梁架"这个概念，在特征四中需要用这个概念去讲"斗拱"。

师：分析得对。可见作者的思路非常清晰。作者在后一段中要出现一个概念时，这个概念在前面的文段已经介绍过，后段的介绍是建立在前一段的基础上的，形成一个内在的逻辑。这也是文章的写作顺序，内在逻辑。我们不是随便来写的，尤其是像梁思诚这样的大科学家，一定是经过反复推敲之后，确定了这样的写作顺序。同学们平时写作时不太讲究，想到哪，写到哪，文章没有条理。

初中时同学们学过《中国石拱桥》一文，介绍了赵州桥的四个特点，第一个特点，它有一个独立的大拱，据说是当时世界上最大的；第二个是大拱的两肩上各有两个小拱，洪水来时，可以减轻水对桥的冲击力；第三个特点是桥身上有28道拱圈，每道拱圈破损后，不影响桥的整体结构；第四个特点是桥的周围的环境非常和谐。为什么作者这样安排写作顺序？因为第一个特点是赵州桥最大的特点，作者把主要的特点放在前面，按由主到次的说明顺序来安排的。而本文是按从总体到局部的内在逻辑顺序安排写作顺序的。所以，同学们，写作顺序是阅读与写作的重要内容，不注意这一点，就不懂阅读，不会写作。

师：第五到第九个特征的写作顺序是屋顶—颜色—形状—材料，这四点各有特点，层次清楚。

本文的标题是"中国建筑的特征"，作者用"特征"一词，能不能用"特点"或"特色"呢？

生：好像也是可以的。

师：从同学的语气来看，有些不确定。同学们请看"特征"的意思是"可以作为事物特点的征象、标志等"，我们常说"这个人的相貌有什么特征"，是指人的外在特点。可见"特征"是表现在外部的标志性的东西，九个特征都是中国建筑外在的、标志性的特点。

师：课前同学的疑问，这是一篇说明文还是议论文？之所以有这个疑问是因为后一部分的议论占的篇幅很多。标题是"中国建筑的特征"，可是后面没有结构特征，用一半篇幅去讲中国建筑的文法和词汇，为什么？

生：每一个国家的建筑都有其文法和词汇，由于文法与词汇的不同，中国建筑形成了自己的特征，后面的议论是前一部分中国建筑特征形成的原因。

师：同学们齐读第十二段。

（生读）

师：文法和词汇是规则和惯例，是劳动成果，是物质与精神的产物，决定各民族建筑的特征，但各民族的建筑是可译的，懂得了文法与词汇，才能写出一篇"中国文章"。这些语言是对中国建筑特征的深入阐释。同学们，如果没有后一部议论，这篇文章就只是一篇说明文。有了后面部分，这是一篇什么文呢？

生：论文。

师：对，是一篇具有学术价值的科学论文。本文不仅给我们介绍中国建筑的具体特征，文章后边的部分，阐述如何认识、理解这些特征，这就是中国建筑的文法与词汇，作者用饱含感情的语言来歌颂我们的建筑。

师：本文并不枯燥、晦涩，相反还很生动，是什么原因呢？同学们看看本文最突出的说明方法是什么？

生：我认为是打比方。例如，文章把周边国家的建筑与中国建筑比成弟兄关系，说明它们之间的紧密性。

生：还形象地说明了中国建筑的影响力很大。

师：大到什么程度？

生：超出了国界。

生：还把墙壁比成"帷幕"，使人们更清楚地了解中国建筑中墙是不承重的。

师：那要墙来干什么呢？

生：起到隔断内外、划分内部空间的作用。

生：将宫殿比作"大文章"，将"山亭"等比作"小品"，写出了建筑规模大小的不同，让读者有了具体的了解。

师：还没有说清楚。是让读者利用对文章大小的经验来感知建筑的大小。

师：比喻在说明文中又叫打比方。打比方是用人们熟悉的具体事物、事理来打比方，对较为生疏的事物、抽象的事理加以说明的方法。它有化深为浅，化难为易，化生为熟，化概念为具体，变抽象为形象，变枯燥为生动的特殊功能。同学们要注意，说明文中的比喻，与文学作品的比喻形式基本相同，但目的不同。说明文中的比喻主要对事物做清晰、形象的介绍，却不对表现对象有着艺术加工，因此要注意准确性和科学性，不宜有所夸张。另外，说明文中的比喻一般不用暗喻、借喻，只有明喻。

**二、拓展延伸**

师：下面两段文字都是对一处建筑的描述，试比较两段文字的语言有何不同之处？

PPT 展示：

（文段一）山林蓊郁间，隐现着一所白墙绿瓦的建筑。静静地沿着台阶而上，三扇大门透视着进门不远处的玻璃门。抬头仰望，一排水泥砌成的栏杆之上，六根红柱子分外惹眼，翠绿的屋顶上装点着灰白色的水泥边，屋檐的尽头翘起了一个角，正像是欲飞的小燕子。

（文段二）山林蓊郁间，隐现着一所白墙绿瓦的建筑。静静地沿着垂带踏跺而上，三扇拱形大门透视着进门不远处砖红门框的玻璃门。抬头仰望，水泥雕花的寻杖栏杆之上，六根猩红楹柱分外惹眼，翠绿的庑殿顶上装点着灰白剪边，垂脊尽头悬挂祥云飞檐，恰似穿云的飞燕。

生：两段文字的语言都采用书面语，但文段二的语言显得更加古典和典雅。文段一的"屋檐的尽头翘起了一个角，正像是欲飞的小燕子"，在文段二是"垂脊尽头悬挂祥云飞檐，恰似穿云的飞燕"，"祥云飞檐"比"翘起了一个角"用词更形象和雅致，有一种古典之美。

生：读文段二使我想起林黛玉进贾府中对宁国府贾政房的描写，我是指用词很典雅，如"猩红"现在一般说成"大红"或"鲜红"，"楹柱"说成"柱子"，"庑殿"就是现在说的"房屋"，"分外"这个词一般说成"十分"，"恰似"说成"好像"。

师：以上两位同学都十分敏锐地发现文段二用语更加古典，第二位同学还就一些词语做了对比分析。同学们能不能用本课所学的建筑特征的一些用语来分析比较两则文字的不同之处。

生：第一则文字所描述房屋的结构用语比较现代，不是建筑专用术语。而第二则文字采用了很多建筑术语，如"台阶"改成"垂带踏跺"，"水泥砌成的栏杆"改成"雕花的寻杖栏杆","屋顶"改成"庑殿顶","屋檐"改成"垂脊"。

师：典雅的语言和古典建筑用语将某高校文学院这座富有古典气息的建筑描绘得淋漓尽致，更具古香古色之韵。下面同学们收取本文中一些古典建筑专用术语，对本市东山公园上的"奎星阁"进行描写，同时注意写作的顺序。

生：奎星阁矗立于东山之巅，阳光下，雕甍金瓦，朱漆廊柱，流丹飞阁，熠熠生辉。沿着七百多级石阶盘旋而上，到达山顶，映入眼帘的是一扇朱漆大虎门。门内亭台楼阁，暮鼓晨钟，这里是本城人们喜爱的去处。奎星阁矗立在公园中央，坐落在一座数米高的台基上，恰似玉带上的宝石。扶着水泥雕花的寻杖栏杆拾级而上，第一层可见楼台的南北两边是两个回廊。再登三四级台阶，又是一个小台基，一座三层楼台位于台基中央，四周是白玉栏雕花寻杖栏杆。

师：用了好些建筑术语，由远看到近观、由外到里的顺序来写的。

生：奎星阁位于东山公园中央的大台基上，由南北两个回形游廊和中央的三层楼阁组成。拾级而上，额枋上的一块黑漆大匾上写着斗大的"奎星阁"三个金漆大字，两边的楹柱上是两幅本地书法家书写的楹联。穿过北边的回廊，就来到由青砖铺成的天井，天井四周是游廊，朱漆的立柱，蓝色横梁上勾画着的各色图案，鲜艳夺目。绕游廊一周，东山四周的风景尽收眼底，一边是喧嚣的闹市，一边是静谧的山林，动静之间，使人逸兴遄飞。

师：由外到内写了奎星阁四周的布局，主要突出了楹联和回廊。有哪位同学对奎星阁的主要建筑三层楼阁做了介绍的。

生：三层凌云经楼位于第二层台基上，楼阁南北两边有两座对称的"凹"形回廊，先得穿过北边的回廊，沿着垂带踏跺而上，就来到楼阁正门。二层台基四周是汉白玉寻杖栏杆，地上用青砖铺砌，经楼有两层飞檐，第一层有八条屋脊，第二层有四条屋脊，每条屋脊上都有一个兽吻，昂首挺胸，神气活现。每条屋脊的瓦当都是富有布依或苗族民族特色的图案。金色的剪边，红色的立柱，黑底金字牌匾，白玉栏杆，交相辉映于青山夕阳下。

师：从四周写到中心的经楼，最后又总写收束，主要突出兽吻和楼四周的色彩。

师：同学们，我们现在去保护古建筑，去刻画古建筑的美，不仅仅是为了留住它的一砖一瓦、一楼一阁、一寺一塔，更重要的是留住一段历史的记忆，收纳的是一份历史的厚重，濡染的是凝固的艺术的美！

师：下课！

**备教感悟：**

对于说明文或科学类小论文，有的教师要么不予重视，要么喧宾夺主。不予重视的表现是让学生课上自读，回家里自学，再给上几道选择题就完事。喧宾夺主则表现为教师从网上下载大量建筑图片和相关资料，把这节课上成建筑学知识普及课，教师讲得滔滔不绝，学生看得目不暇接，表面上热热闹闹，轰轰烈烈，但冷冰冰的机器很难使学生产生共鸣，学生没有表达自我的欲望，语文课堂变成现代科技唱独角戏的课堂，学生所获甚少。这两种做法都不妥当。

语文核心素养要求"学生在丰富的语言实践中，通过主动的积累、梳理和整合，逐步掌握祖国语言文字特点及其运用规律，形成个体的言语经验，在具体的语言情境中正确有效地运用祖国语言文字进行交流沟通"。文章的作者梁思诚是中国现当代著名建筑学家，早年就读于清华大学，后到美国宾夕法尼亚大学学习建筑，1947年，他曾参与纽约联合国大厦的设计工作，一生遨游于建筑天地中，为发现、研究、保护中国古建筑倾注了毕生经历，由这样一位专家来介绍中国建筑的特征是再合适不过的了，这是一篇无论在内容上，还是在语言文字上都非常值得学习的文章。

鉴于以上两点，我对本课的教学设计，一是立足文体特征，把握说明文的说明顺序、说明方法。叶圣陶先生在他草拟的《中学语文课程标准》中强调："教材的性质同于样品，熟悉了样品，也就可以理解同类货色。"也有学者说过："教科书并不是学习的目标，它只不过是根据教师使用的方法不同，或者成为活的，或者成为死的带有指导性的工具而已。因为不是教'教科书'，而是用'教科书教'。"我想以本文为建筑类科技文的"样品"，让学生了解、掌握中国古建筑的一些简单的名词，探究说明顺序安排的逻辑性，学会阅读说明文的方法，把握写作说明文的技巧，真正将"用教材教"的理念落到实处，叶老说"语文教本只是些例子"，教师就是要凭借这些例子，让学生触类旁通，从而达到将知识转化为能力的教学效果。

二是让学生运用所学的说明文的说明方法、说明顺序来描述身边熟知的仿古建筑。我认为语文的工具性与语文的人文性两者是统一的，不可偏废，将语文的工具性掌握好，能更好地理解文学作品中人文性的东西。《普通高中语文课程标准（2017年版）》定义"语文课程是一门学习祖国语言文字运用的综合性、实践性课程。工具性与人文性的统一，是语文课程的基本特征。"本文标题已明确，本文的说明对象是中国建筑，说明重点是中国建筑的特征。我侧重带领学生从说明文的四个方面，即说明对象、说明顺序、说明方法、说明语言，对九大特征进行探究，然后运用所学到的说明方法与建筑术语写一段介绍家乡仿古建筑的文字，学生"通过自主的语言实践活动，积累言语经验，把握祖国语言的特点与运用规律"，收效较好，同学们称这节课真的"涨知识"了！学生在语文学习中，既提升了语言的建构与运用的能力，又继承了中华优秀传统文化，获得建筑美学的熏陶！

# "古人讽谏的艺术" 教学实录

执教年级：高一

议题：古人讽谏的艺术

群文阅读篇目：《烛之武退秦师》《樊姬谏楚庄王》《触龙说赵太后》《召公谏厉王弭谤》

**学习目标：**

1. 课前仔细阅读群文，把握群文篇目的主要内容，理解"讽谏"的意思。

2. 运用默读、浏览、扫视、跳读、批注等阅读方法，学会用对比阅读的方法分析文本，感受古人说话的艺术。

3. 掌握古人讽谏的艺术，能联系生活实际，学会在生活中用机智幽默、简洁得体的语言与他人交流和沟通。

**教学准备：**

1. 多媒体课件。

2. 群文及阅读卡。

**学习重点：**探寻古人讽谏的艺术及掌握讽谏的规律。

**学习难点：**学会在现实生活中运用古人讽谏的技巧。

**一、激趣导入**

（PPT 展示古代帝王图片）

师：你从图片中人物的衣着能猜出人物的身份吗？

生（不约而同）：皇帝！

师：怎么判断出来的？

生：从图片中人物的衣服上龙的图案，可看出他们身着龙袍，这些人物的身份是皇帝。

师：如果你是朝廷重臣，你希望辅佐历史上的哪位帝王？

生：康熙，开创盛世。

生：乾隆，做皇帝的时间 60 年。

生：崇祯，是一个有抱负的皇帝。

师：如果你是一位有着强烈责任感的大臣，常常会向皇帝进谏，你希望辅佐哪一位皇帝？

生异口同声：唐太宗！

师：为什么？

生：唐太宗李世民，因为他是一位最善于听取意见的皇帝。

（选唐太宗的学生很多）

师：看来唐太宗不仅在过去，现在也很得民心啊！的确，因为他善于纳谏，任用贤臣，所以国泰民安，这一时期历史上称为"贞观之治"。从唐人吴兢所著《贞观政要》一书可见唐太宗是一位心胸开阔、求贤若渴又能从谏如流的帝王。唐太宗的名言：以铜为镜，可以正衣冠；以史为镜，可以知兴替；以人为镜，可以明得失。

（多媒体播放唐太宗纳谏的视频资料）

## 二、进入新课

师：唐太宗是一位难得的明君，魏征是一位不可多得的敢于直谏的重臣，但不是每一个谏臣都如魏征这般幸运，能遇到像唐太宗这样一位察纳雅言的圣君。俗话说伴君如伴虎啊！

今天我们一起就《烛之武退秦师》《触龙说赵太后》《樊姬谏楚庄王》《召公谏厉王弭谤》四篇文章来探究"古人的讽谏艺术与品格"。

PPT 展示：

学习目标

1. 分析古人讽谏成功的因素，揭示讽谏成功的规律。

2. 探究讽谏者的内在品格。

3. 灵活运用古人讽谏技巧。

（引出讽谏的课题）

师：那么什么是"讽谏"呢？

PPT 展示：

讽谏指下对上，不直指其事，而用委婉曲折的语言规劝，使其改正错误。


### 三、总体把握四篇文章的主要内容

师：下面老师检查同学们前两节课的自主学习情况。概括叙述文章的主要内容，老师就每一组同学随机点名。

生：秦晋大军合围郑国，年迈的烛之武临危受命，夜缒出城，巧妙地陈述围攻郑国对秦的利弊，说服了秦伯，强秦不仅退兵，还派兵保护郑国。

师："巧妙"二字概括得好，烛之武如何"巧妙"呢？且听分解。

生：楚庄王与虞丘子相谈甚欢而忘记吃饭。樊姬趁楚王高兴时进谏：虞丘子是个贤人，但不忠心，因为他十多年从来没有推荐过有才能的人。虞丘子知道后很羞愧，于是进谏了有才能的人给朝廷，最终成就了楚王的霸业。

师：楚王听取了樊姬的意见，可见樊姬的口才了得，这份霸业也有谁的功劳？

生：樊姬。

生：赵太后刚执政，秦王急于攻打赵国，赵向齐国求救，但齐国要求赵国以长安君为人质方可出兵。赵太后宠爱小儿子长安君，不愿以长安君为人质，也不听众臣的劝谏，导致国家危机重重。在这种情况下，触龙晓之以理，动之以情，赵太后终于同意，解除了赵的危机。

师：触龙具体怎么说服盛怒之下的赵太后的呢？深入学习才能知道。

生：周厉王是个暴君，谁批评他，他就杀死谁，从此人们不敢谈论周厉王。召公劝谏周厉王应让人们畅所欲言，这样国家政治才能清明，但周厉王不听劝谏，三年之后被人们放逐。

师：周厉王被放逐到彘这个地方去了，可见"水能载舟亦能覆舟"！

师：接下来，各组同学分别展示学案第二项自主探究的内容。

第一组学生PPT展示探究成果：

| 篇目 | 讽谏者 | 讽谏谁 | 关系 | 讽谏原因 | 讽谏困难 | 讽谏目的 | 纳谏者最终态度 | 讽谏结果 |
|---|---|---|---|---|---|---|---|---|
| 烛之武退秦师 | 烛之武 | 秦伯 | 敌我 | 晋侯、秦伯围郑 | 让强大的入侵者撤军 | 谏秦伯退兵 | 秦伯悦 | 秦伯使杞子等戍守郑国 |

第二组学生PPT展示探究成果：

| 篇目 | 讽谏者 | 讽谏谁 | 关系 | 讽谏原因 | 讽谏困难 | 讽谏目的 | 纳谏者最终态度 | 讽谏结果 |
|---|---|---|---|---|---|---|---|---|
| 樊姬谏楚庄王 | 樊姬 | 楚庄王 | 夫妻君臣 | 缺治国良臣 | 指责为相十多年的宠臣失职 | 为国家寻找人才 | 王悦 | 治楚三年而庄王以霸 |

第三组学生PPT展示探究成果：

| 篇目 | 讽谏者 | 讽谏谁 | 关系 | 讽谏原因 | 讽谏困难 | 讽谏目的 | 纳谏者最终态度 | 讽谏结果 |
|---|---|---|---|---|---|---|---|---|
| 触龙说赵太后 | 触龙 | 赵太后 | 君臣 | 赵太后新用事，秦急攻之 | 赵太后爱子心切，情绪激动而不讲理。形势紧张 | 长安君质于齐，齐出兵救赵 | 诺，恣君之所使之（长安君） | 齐出兵救赵 |

第四组学生 PPT 展示探究成果：

| 篇目 | 讽谏者 | 讽谏谁 | 关系 | 讽谏原因 | 讽谏困难 | 讽谏目的 | 纳谏者最终态度 | 讽谏结果 |
|---|---|---|---|---|---|---|---|---|
| 召公谏厉王弭谤 | 召公 | 周厉王 | 君臣 | 周厉王虐，民不堪命 | 周厉王虐 | 让厉王不再暴虐 | 王弗听 | 周厉王被流于彘 |

**四、以《烛之武退秦师》为例探究"古人讽谏的艺术"**

师：刚才第一组将讽谏的目的概括为"让强大的入侵者撤军"，用一个四字词语来概括郑国处在什么样的形势下。

生：敌强我弱。

师：敌强我弱却要劝其撤军，可见烛之武的……

生：任务重。

师：很好，尽量简洁。哪位同学再来补充"讽谏的困难"这一项，除了任务重之外还……

生（抢答）：时间紧。"夜缒而出"可看出。

师：所以这一项可概括成"时间紧迫，敌强我弱"。

（学生利用两个课时自主阅读四篇文章，每个小组各自完成表中内容，在自主学习的过程中，了解事件的背景、原因结果等情况，为探究烛之武的讽谏艺术做铺垫）

师：同学们思考，平时与人说话，特别是向别人提意见或建议，我们应该注意些什么？

生：称呼要有礼貌，如用敬辞和敬语，如"足下"，刘邦称张良为"君"。

生：自称要用谦辞。

师：请举例。

生：我爱看武侠小说，常用"在下"称自己，《鸿门宴》张良自称"臣"。

生：语言要委婉，语气要诚恳，有时说话的语气比说话的内容更重要。

生：要想别人接受自己的意见，最好能用或擅用比喻、类比、举例等方法，像邹忌那样，能更好地说服别人。

生：说话的气氛要好。

师：要营造良好的说话氛围。

生：要能以理服人、以情动人，如李密在《陈情表》中以理服人、以情动人，终于说服晋武帝满足他"愿乞终养，保卒余年"的愿望。

师：调动所学知识来学习新知，就是古人所说的"温故而知新""不亦悦乎"！

我们来总结一下，平时与人说话，特别是向别人提意见或建议，讲话要有礼貌，用敬辞、敬语；自称要用谦辞；讲究语气；营造良好氛围；以理服人，以情动人；下面各小组从内容、用语上分析烛之武是如何说服秦伯退兵的。

◆内容上

生：①烛之武站在对方的立场上，承认对方的做法："秦、晋围郑，郑既知亡矣。若亡郑而有益于君，敢以烦执事。"

师：这样说有什么好处？

生：我觉得烛之武大概不想让秦伯反感他的到来，避免一下子被拒之门外。

生：②采用迂回战术，先不直入敏感话题，而是说"焉用亡郑以陪邻？邻之厚，君之薄也"，但所说内容与下面讽谏的话题有内在的关联，如果灭亡了郑国，其实只对晋国有利，对秦国不仅没有利，反而有害。这样说秦伯就会非常感兴趣，就愿意听下去，这就逐渐达到游说的目的。

生：③站在对方的立场，提出有益于对方的做法，做好层层铺垫之后，提出观点，水到渠成，"越国以鄙远，君知其难也。焉用亡郑以陪邻？邻之厚，君之薄也。若舍郑以为东道主，行李之往来，共其乏困，君亦无所害。"

生：④采用离间计，将矛头指向晋国，离间秦晋关系。

◆语言表达上

生：①尊称秦伯为"君"。②语气上谦敬、谦恭。"若亡郑而有益于君，敢以烦执事。""若"是"如果"之意，表示一种商量的口吻，"敢以"语气非常谦恭，"唯君图之"中"唯"是"希望"之意，有请求之意。

师：如果你是秦伯，听到这样的称呼，看到烛之武谦卑的态度，感觉怎样？

生：很骄傲，高高在上，心里很舒服。

◆氛围上

生：谈话氛围上，谈话的内容，烛之武从秦国的角度出发，为秦国考虑，而不是要求秦国退军，仿佛整件事与郑国无关，这使秦伯非常容易接受。从用语上、语气上、内容上就营造了良好的谈话氛围。

**五、《樊姬谏楚庄王》《触龙说赵太后》《召公谏厉王弭谤》群文阅读**

（一）探究《樊姬谏楚庄王》的讽谏艺术

师：第二小组展示的表格中关系这一栏写的是"夫妻"，除此之外，还有什么关系，而且是最重要的关系？

生：君臣。

师：普天之下莫非王土，率土之滨莫非王臣，是夫妻更是君臣关系，这种关系决定樊姬的讽谏必须要讲究说话的艺术。

◆内容上

生：①樊姬站在楚庄王的立场上，承认楚庄王的做法："虞丘子贤则贤矣"这为进谏营造和谐的氛围。

生：②采用迂回战术，先不直入敏感话题，但所说内容"妾执巾栉十一年，遣人之郑、卫求贤女进于王，今贤于妾者二人，同列者七人，妾岂不欲擅王之爱宠乎？妾闻堂上兼女，所以观人能也，妾不能以私蔽公，欲王多见，知人能也"，自己举贤女为妃的事，与下面讽谏的话题有内在的关联，樊姬善用类比的方式说理，有很强的说服力，也营造了良好的讽谏的氛围。

103

生：③站在对方的立场，为提出有益于对方的建议，做好层层铺垫之后，提出观点，水到渠成："妾闻虞丘子相楚十余年，所荐非子弟则族昆弟，未闻进贤退不肖，是蔽君而塞贤路。知贤不进，是不忠；不知其贤，是不智也。妾之所笑，不亦可乎？"

生：④实际是楚王用人不贤，但虞姬却将矛头指向虞丘子，而非楚王之过。这也是站在对方立场上着想，毕竟谁都不愿意别人当面批评自己。

◆营造氛围上

生：①未说先笑，营造了良好的谈话氛围。

生：②从生活上的琐事谈起，形象生动，富于情趣，又与讽谏内容相关联，自己也想独占王宠，但却不能这样做，自己要为大王求贤女，这为下面讽谏如何尽忠做了很好的铺垫。

◆语言表达上

生：①尊称对方：王。自己谦称：妾。②"得无饥倦乎"，关切地询问，关心之情溢于言表。"妾岂不欲擅王之爱宠乎"，表达对楚王的热爱之情，拉近与楚王的距离，也体现了虞姬是个识大体的人，赢得了楚王的喜爱。

（二）探究《触龙说赵太后》的讽谏艺术

生展示合作探究成果：

◆内容上

生：①采用迂回战术，先不直入敏感话题，但所说内容与下面讽谏的话题有内在的关联："老臣病足，曾不能疾走，不得见久矣。窃自恕，而恐太后玉体之有所郄也，故愿望见太后"→"太后之色少解"→"而臣衰，窃爱怜之。愿令得补黑衣之数，以卫王宫。没死以闻"→"虽少，愿及未填沟壑而托之"→"丈夫亦爱怜其少子乎"。从以上触龙与赵太后的对话中可以看出，触龙此来的目的是探望太后，再逐步将谈话由身体衰弱而为幼子的未来做安排，谈到只有为孩子做长远打算才是爱孩子，最后引向将长安君送去当人质的话题上。

师：这样说有什么好处？

生：从家常话聊起，也消除赵太后的戒心，不让盛怒之下的赵太后反感。

生：站在对方的立场上，让对方与自己的看法一致，于是赵太后说"丈夫亦爱怜其少子乎"，一个"亦"字说明两人在爱孩子上有一致的看法。

生：从谈身体到谈衰老，到谈爱子就要为孩子做长远打算，层层铺垫之后，触龙便采用"以子之矛攻子之盾"的方法，否定太后的做法是爱长安君，以理服人，以情动人，从而使太后做出正确的决定。

◆营造氛围上

生：采用迂回战术。面对盛怒的太后，触龙避而不谈将长安君做人质之事，而是从身体、饮食、爱子等家长里短方面关心太后，营造轻松的谈话氛围。

◆语言表达上

生："徐趋"表示恭敬，"自谢"表示自责，"恐"表示为太后担心，"愿"表希望，"得无……乎"询问的语气，显示的关切之情特别真挚。

生："冒死以闻"表示对太后的敬畏。自称"老臣"，称太后为"媪"，这似乎是两个老朋友的闲聊，而非君臣间的谈话。

师：同学们从内容、氛围、语言三方面探究古人讽谏的方法，下面总结烛之武、樊姬、触龙讽谏成功的艺术规律。

PPT展示：

1. 迂回策略。

2. 善于营造和谐的谈话氛围。

3. 尊重对方，放低自己。

4. 善于站在对方立场考虑问题。

5. 善用比喻、类比等方法说理。

师：第四组的同学总结召公讽谏的目的是"让厉王不再暴虐"，请同学们从课文中找出更简洁的词来表达。

生：行善而备败。

师：很好，"行善备败"。

（三）探究召公讽谏失败的原因

师：现在就从以上五点来分析召公进谏为什么会失败？

生：以上五点，前四点召公都没有做到，他单刀直入，第一句"是鄣之也"，这句话我觉得说得很对，但语气上充满讽刺与否定，让一位君王很没有面子。然后接着就对厉王连珠炮似的说教，没有给厉王说话的机会，说话氛围很不好。

生：召公批评厉王的做法。然后自顾自地大谈防民之口的危害，没有与厉王有所交流，以教训的口吻指责厉王的过错，并教育厉王该如何做，虽然召公的理是非常正确的，但对厉王而言却是逆耳之言，毫不起作用，所以没有注意进谏的方法是进谏失败的原因之一。

生：从召公说话的语气来看，他对厉王不够尊重。谋臣张良对沛公就很敬重，所以能赢得沛公的信任。

生：我认为召公太愤怒了，不够冷静，缺少进谏的谋略，说话太直接。

师：同学们，召公进谏不成的最重要的原因是什么？难道是召公的原因吗？

生：我认为最主要的原因还是厉王是个暴君。

师：对。


**六、古人讽谏的品质**

师：召公了解周厉王的性格吗？

生：了解。

师：面对性格暴虐的厉王，他直言进谏，直指厉王的错误，同学们说说召公是一个怎样的臣子？

生：是一个刚正不阿、不顾生死、为民请命的大臣。

生：是一个赤胆忠心的大臣。

师：伍子胥劝谏吴王励精图治，结果被杀。比干劝谏纣王不要骄奢淫逸，被剖腹挖心。

PPT 展示:

我们自古以来,就有埋头苦干的人,有拼命硬干的人,有为民请命的人,有舍生忘死的人,这就是民族的脊梁。

——鲁迅

师:烛之武、樊姬、触龙、邹忌等讽谏者身上都有哪些可贵的品质?

生:集勇敢与智慧于一身。

生:坚定、执着、忠君爱国。

师:让我们一起将鲁迅先生的这句话齐读一遍。

(生读得慷慨激昂)

## 七、学以致用

师:学了以上讽谏的方法与技巧,同学们要解决生活中的问题,下面一、二两个大组的同学做第一题,三、四两个大组的同学做第二题。

PPT 展示:

1. 李明要参加义务献血活动,可父亲不同意,认为献血会影响健康。如果你是李明,你该怎样劝说父亲同意你参加献血活动。

2. 早晨,公共汽车上,一老年人指责背着一个大书包的小学生不给他让座,不懂得尊重老人,面对这个指责学生不让座的老年人,站在一旁的你该怎样劝谏老人呢?

生:爸爸,我给鱼缸换了清水。您看鱼儿是不是更健康、游得更欢快了呢!爸爸,这是不是像输血一样。生物书上说一个健康的成年人,一次输血200~400毫升,是不会影响身体健康的。献血可以促进血液再生,换上新的血,以前的血里多少会有杂质,而且献血对血液稠的人来说更是件好事,就像给鱼缸换水一样。所以,爸爸,适当地献血对身体不会有伤害。

师:用了类比的方法和迂回的策略。

生:晓之以理,从科学的角度讲解献适量的血对人体不会有害。

师:第二则,仔细听,我请同学来点评。

生:老爷爷,您先别生气。小学生不懂事,您老别跟他计较。给老年人让座是理所应当的。老爷爷,您也有小孙子吧,如果您的小孙子也背着沉重的书包,上了一天的课,您一定舍不得让他起来。再说,马上下一站就会有人下车,您老就有位子坐了。

生:承认对方的观点,缓解老人怒气。"老爷爷,您也有小孙子"这一句让老人站在小学生的立场上为对方着想。

生:采用迂回策略,从老人也有孙子说起,这也是采用类比的方法,老人就容易想通了。

## 八、总结本课

师:生活离不开与人交往,学会说话会让生活更和谐。古代先贤的高尚品格,是我们民族宝贵的精神财富,老师以一首自写的诗表达对他们的景仰之情。

多媒体展示:

口赞一绝

罗黔平

护赵殷殷献美芹,

单刀赴会退强秦。

蛾眉力助英雄业,

板荡疾风显赤心。

**备教感悟:**

群文阅读教学初探

高中阶段的语文学习更注重对学生思辨能力的培养,而围绕一个议题展开的群文阅读教学是有力的推手。一方面,群文阅读教学中,学生的阅读量大,阅读的内容丰富,有延伸性、探究性和思辨性。学生在解决问题中培养了对学习的专注,而这种专注的形成,有助于学生成为会思考、有创造性思维的人。另一方面,改变了孤篇教学中"老师讲,学生听"的教学方式,学生的积极性、主动性得到充分的挖掘，他们在阅读、思考、写作、交流讨论中，成为课堂的主人，更好地实现学生是课堂主体的新课程理念。

当然群文阅读教学这种新兴的教学方式在实践中有以下要注意的地方。

群文阅读教学第一个难点就是确定议题，议题是灵魂、是主线，那么议题从哪里来呢？我认为从日常的教学困惑中来，从对教学的思考中来，而且这个议题不能大，不能模糊，不能芜杂。议题要小，要准，要有研讨价值。小，则容易着力；准，则容易深挖；有价值，则激起兴趣。

群文阅读教学的第二个难点是群文的选择。在明确议题的前提下，如何选文，选择哪些文章，与教师的阅读量、知识储备、视野甚至胸襟、气度有莫大的关系。在此基础上，群文的选择还必须考虑到学生的知识、能力，课时等诸多因素，不能超过学生的知识水平和认知水平，必须在一定的课时内完成。

在孤篇阅读教学中，因为重点不突出或是重点太多，学生抓不住，听课盲目性大，缺少主动性，而群文教学模式因其学习目的明确和议题的挑战性，能激起他们探究的欲望；又因为答案的丰富性，使学生的思维更多元，从而促进其智力的提升。若教师能走出孤篇教学的限制，以群文搭建专题展开探究，群文相互补充，相互呼应，彼此交织，可使学习效果大大提高。

第三，群文阅读教学对教师的要求较高，需要教师静下心来读书，积累、丰富学识，涉猎广泛，除了文学，还要涉及语言学、哲学、心理学等，对学生的专业性的指导比孤篇教学更多，倾听、沟通、帮助、欣赏，一步一步地走。同时，在进行议题设计时，需要全面考量，对群文阅读资料的质量、数量和范围等进行综合分析，本次课所选的四篇文章都是涉及"讽谏"这个议题，但有三篇讽谏成功，一篇讽谏失败；一篇文章稍长，其余三篇较短；讽谏者有男有女。总之，所选文章有相关性，才能有可探究的空间。

议题确定，群文选定，如何围绕议题进行群文阅读，也是教师应该思考的问题。本节课采用以一篇为例，师生共同探究古人讽谏的方法，学生再用此方法去研究其他篇目中所用的讽谏方法，比较异同，拓展延伸，最后将从古人讽谏中所学到的方法运用到实际，以检验本节课的学习效果。当然本课也有一个教学环节可以再做调整，在探究讽谏者的品质时，可以这样来设问：如果你是位高权重的权臣，若讽谏可能招来杀身之祸，甚至株连无辜，你还会这样选择吗？以此来激起学生的辩论，让学生在辩论中切身体验古代讽谏者的品质。

# 《雷雨》教学实录

**教材分析：**《雷雨》（节选）是人教版必修四第一单元的第二篇课文。这个单元是高中唯一的戏剧单元，构成本单元的四部剧作兼及古今中外，《雷雨》作为现当代戏剧扛鼎之作，充分遵循了戏剧创作的"三一律"原则，因此《雷雨》是学习戏剧的最佳范本，特别是本文的节选部分，戏剧冲突集中而尖锐，人物性格复杂多变，戏剧语言意蕴丰富。

**学情分析：**在快节奏的生活中，话剧已经渐渐远离人们的生活，更遑论生活在光纤时代的高中生，基本没有过看话剧的体验，电影和电视对他们影响更大些。戏剧教学中，观看影视作品是常用的辅助教学方式，但影视剧毕竟与舞台演出有很大的区别，戏剧更注重演员与观众的双向交流，而电影不存在现场观众与演员的交流，这样从一个方面就降低了观众的真实感受，学生对戏剧这一艺术形式更缺乏直观的体验。但学生对文学作品有一定的阅读兴趣，渴望更多地了解作品本身及相关知识，因而在学习过程中具有不同程度的积极性和自主性。

**学习目标：**

1. 理解分析戏剧个性化的语言。

2. 从人性的角度深入分析周朴园和鲁侍萍的形象。

**学习重点：**品味人物语言。

**学习难点：**品味人物语言，把握人物形象。

## 一、导入

20 世纪 60 年代，一位访问中国的日本作家，专程拜访了曹禺先生，并且向他表达了一个愿望：我希望日后也能写出像您的《雷雨》那样的杰作来。这位日本作家是谁呢？他就是 1994 年诺贝尔文学奖得主大江建三郎先生。我们知道《雷雨》这部作品是曹禺先生在中学时开始构思，在大学时代还不到 23 岁时创作完成的，那么，究竟是什么原因使得这样一部年轻的作品赢得大江先生高度的赞誉，成为他眼里丰碑式的作品呢？

今天我们就一起从戏剧的语言入手，走进令人痴迷的《雷雨》的艺术世界。

## 二、学生介绍《雷雨》全剧故事梗概

生：周朴园是周公馆的老爷、资本家。三十年前，他和家里的侍女鲁侍萍生了两个儿子，因为周朴园要和一个富家小姐结婚，所以在一个风雪交加的夜晚，周家赶走了才生下第二个儿子三天的鲁侍萍，并强迫她留下长子周萍，带走奄奄一息的次子鲁大海。鲁侍萍带着儿子走投无路，跳河自尽，被好心人救起后，流落异乡，过着贫穷的日子。后嫁给鲁贵，生了女儿四凤。周朴园后来也由无锡搬到了天津，周朴园与阔小姐结婚也不美满，不久，阔小姐郁郁而终，之后周朴园娶了繁漪为妻，生下儿子周冲。繁漪受过旧式教育，也接受新思想的影响，追求个性解放，她不堪周朴园的专制，与养子周萍发生暧昧关系。周萍是个性格懦弱的人，他喜欢侍女四凤，繁漪因此对周萍由爱生恨，产生了报复行为，她让四凤家人将四凤领回去。于是，剧中的主要人物在一个雷雨之夜齐聚周公馆，矛盾激化中，周萍知道自己和四凤是同母异父的兄妹，因而开枪自杀，四凤也受不了这样的事实，大雨之夜跑出周公馆，触电而死，周冲为了救四凤也触电身亡，繁漪疯了，侍萍病了，她们都住进了医院，有一个老人常去看望她们，这个人就是周朴园，一个封建大家庭在雷雨之夜灭亡了。

师：你用简洁的语言，完整地介绍了《雷雨》的主要情节，很好。

### 三、梳理戏剧的矛盾冲突

PPT 展示：

冲突是戏剧的重要特点之一，主要表现在人物的性格冲突。指出下列矛盾冲突中哪些是最本质的冲突，它暴露了怎样的社会现实？

1. 周朴园与鲁侍萍之间的夫妻冲突。

2. 以周朴园为代表的资本家与以鲁侍萍为代表的下层劳动人民之间的冲突。

3. 周朴园与鲁大海之间的父子冲突。

4. 周萍与鲁大海之间的兄弟冲突。

5. 鲁侍萍与周萍之间的母子冲突。

6. 资本家与工人之间的阶级冲突。

生：第 2 个和第 6 个。

师：这两个冲突暴露了怎样的社会现实呢？或者说什么样的社会才会有这样的矛盾冲突呢？

生：半封建半殖民地社会。

师：这就是故事发生的时代背景。《雷雨》自问世至今已经八十多年了，但仍有大量读者和观众。除了戏剧冲突非常激烈外，它还塑造了一组个性鲜明的人物形象。下面，我们通过第一场戏的戏剧语言来赏析周朴园、鲁侍萍这两个人物形象。

### 四、走近周朴园

PPT 展示：

思考：

根据下列语句，说说周朴园在认出侍萍的过程中有怎样的心理变化。周朴园复杂的心理变化，可从这五次看似相同的问话中体现出来。完成下面表格。

| 人物语言 | 发问原因 | 人物心理 |
|---|---|---|
| 1. 你——贵姓？ | | |
| 2. 你姓什么？ | | |
| 3. 你是谁？ | | |
| 4. 哦，你，你，你是—— | | |
| 5. 哦，侍萍！是你？ | | |

生：第一次发问的原因是侍萍关窗户。

师：侍萍关窗户为什么周朴园要发问呢？

生：因为侍萍关窗户是背对着周朴园，可能周朴园对这个动作和背影有似曾相识的感觉，所以他发问了。

师：你联系了整个故事来思考，理由很充分。这时的周朴园是什么心理呢？

生：有些疑惑，因为有似曾相识之感。

生：我认为还有好奇，又有些客气，因为用了"贵姓"这个词。

师：第一次发问的心理有疑惑、好奇，态度上较客气。此处的破折号起什么作用？

生：声音的延长，在延长中表现出周朴园疑惑的心理。

师：谁来说第二次发问的原因和心理。

生：原因是周朴园没想到这个突然出现在眼前的人对那段往事竟知道得如此详细。心里是惊讶和意外。

师：第一问是疑惑，第二问是惊讶，情感更加强烈了。第三次发问呢？

生：第三次发问的原因是眼前这个人还了解侍萍和孩子的情况，了解得那么清楚，这时的周朴园是惊讶和紧张的。

师：第二问是惊讶，第三问是惊讶和紧张，情感更加强烈了，同学们发现前三问的句式上有什么特点吗？为什么？

生：句式越来越短，语气越来越急促，体现周朴园内心的不安与紧张。

师：从句式的变化我们可以看出人物的内心世界。

114

生：第四个问的原因是这个人连很细小而私密的事情都知道，周朴园此时是疑惑不已，又震惊又害怕。

师：你怎么读出周朴园的害怕来的。

生：从三个"你"字，我发现他连话都说不利索了，表现出心里的害怕、震惊、有些不知所措。

生：第五次发问，发问原因是周朴园认出了眼前的人是当年的鲁侍萍，但又心生疑问"是你？"，与其说是疑问，不如说还抱着一丝侥幸的心理，可能这个人不是侍萍。

师：侥幸。可见周朴园是不想见到侍萍的。根据当时的情景，请几位同学来读这5个句子，读出周朴园的心理变化。

（生读）

师：当周朴园知道面前站着就是当年的侍萍时，态度发生了哪些变化？表现了他怎样的心理？试举出相应的台词。

PPT展示：

播放电影《雷雨》周朴园认出鲁侍萍之后，责问她为什么来的片段。

生：一开始态度是严厉的，一连发了三个问题来严厉斥责侍萍，后来态度稍稍缓和。

师：为什么会有这样的变化？

生：因为一开始他认为侍萍是来敲诈他的，他用了"指使""找"这些词。当鲁侍萍说自己并没有找周朴园，周朴园才放下心来，语气才变得缓和起来。

师：接下来周朴园为什么要提起当年侍萍的一些生活习惯？请同学们读"你静一静"和"你的生日"这两处周朴园所说的话。

（生读）

生：说明他还记得侍萍，记得他们当年生活的情况。

师：他是想和侍萍叙旧吗？

生：不是，我认为他是想以此来软化侍萍，平复侍萍激烈的情绪。

师：还是回到本质问题，为什么要这样做？

生：周朴园说"你冷静点……不必哭哭啼啼的"是怕侍萍把当年自己和侍女相爱的"丑事"闹大，有损他的家长威风，因为这时周萍、繁漪还有医生都在楼上。

师：戏剧的冲突就更激烈了，周朴园拼命地想掩盖此事，而侍萍则想痛斥周朴园。那么周朴园如何赶紧结束这件事呢？

生："痛痛快快的，你现在要多少钱吧"，想用金钱收买侍萍。

师：给多少钱？五千块钱。五千块钱是什么概念呢？戏剧刚开始，鲁贵对四凤抱怨鲁侍萍一月工钱只有八块钱，半年才能回一次家。

生：根据鲁侍萍一个月的工资是八块来算，五千块钱，就相当于鲁侍萍52年零1个月的工钱。

师：也就是说，这是笔可观的数目。当周朴园认出鲁侍萍之后，态度从开始的指责，到冷淡地想打发对方，后用感情来软化，最后想用金钱来收买。

### 五、走近鲁待萍

师：两人从在客厅的偶遇到激烈的争论过程中，鲁侍萍的心理有没有变化呢？

生：鲁侍萍是在偶然的情况下才来到周公馆的，当突然看到二十年前辜负了她的旧情人周朴园时，心情肯定是有变化的。她关窗，在周没有认出她来时，与周的对话，都是挺镇静的，后面当周呵斥她时，她的愤怒之情也爆发了，说"是不公平的命让我来的"！

师：就是由平静渐渐地到愤怒。

生：我认为鲁侍萍的心理是很矛盾的。她想让周朴园认出她来，又时时避免周朴园认出她来，所以当周朴园五问"她是谁"时，她都予以否定。

师：你是怎么看出鲁侍萍想让周朴园认出她自己来呢？

生：我发现她和周朴园的对话，如果不是鲁侍萍有意提及一些话题，他们之间的对话早就结束了。比如周朴园说"那你走错屋子了"时，鲁侍萍就应该离开周家客厅了，但不是周家仆人的鲁侍萍却说出了一句不合身份的话

"老爷没有事了"。接着周朴园又问"窗户是谁打开的"，正常的反应是回答"不知道"，且周的这句问话并没有要关上窗户的意思，可以理解为为什么打开窗户，也可以理解为周朴园在找打开窗户的人，而鲁侍萍却很自然地去关上窗户。这一举动让周对她发生了兴趣。

师：你读得很细，从鲁侍萍的行为上发现了鲁侍萍复杂的心理。像这样由鲁侍萍引出话题的地方，在文中还有哪些？

生：周问"三十年前你也在无锡"这句话，鲁侍萍只用回答"是"或"不是"就行，但鲁侍萍却说了一句不相关的话"三十多年前呢，那时候我记得我们还没有用洋火呢"。

生：当周朴园说"很远的，提起来大家都忘了"时，鲁侍萍说"说不定，也许记得的"；周朴园说"好，你下去吧"，鲁侍萍说"老爷，没有事了"，这些都可看出侍萍很想将周朴园引到三十年前的往事上去。

师：我们品味"三十多年前呢，那时候我记得我们还没有用洋火呢"这句话，体会人物的复杂情感。看看这一句是不是如同学所说的不相关的话。我们一起来赏析这一段对话，请两位同学来朗读。

PPT 展示：

周朴园：你好像有点无锡口音。

鲁侍萍：我自小就在无锡长大的。

周朴园：（沉思）无锡？嗯，无锡，（忽而）你在无锡是什么时候？

鲁侍萍：光绪二十年，离现在有三十多年了。

周朴园：哦，三十年前你在无锡？

鲁侍萍：是的，三十多年前呢，那时候我记得我们还没有用洋火呢。

周朴园：（沉思）三十多年前，是的，很远啦，我想想，我大概是二十多岁的时候。那时候我还在无锡呢。

鲁侍萍：老爷是那个地方的人？

周朴园：嗯，（沉吟）无锡是个好地方。

鲁侍萍：哦，好地方。

周朴园：你三十年前在无锡么？

鲁侍萍：是，老爷。

周朴园：三十年前，在无锡有一件很出名的事情——

师：这段对话中"三十年前"这一个时间词反复出现，是鲁侍萍提起的话头，联系上下文，探究一下鲁侍萍为什么强调这个时间节点呢？

生：她想通过这个时间节点来激起周朴园的回忆，比如周朴园想起自己当时二十来岁，想起无锡是个好地方，最后想起一件与鲁侍萍有关的跳河的事。

师：我们发现鲁侍萍不仅逐渐将话头引到了过去，还将话题引到了他们两个人的身上去了，请同学们注意，他们两人的话里都说无锡是个"好地方"，同学们，这个"好"字有什么特殊含义吗？

生：无锡不仅有江南的美丽风光，最重要的还有她们两人生活过的痕迹。

生：周朴园后来的家庭生活不如意，就越来越思念起温柔美丽的侍萍，所以说无锡是个好地方。

师：侍萍呢？

生：和周朴园在一起的日子，周朴园对她挺好，从她生周萍要关窗户这一个情节来看，当年他们在一起是很幸福的，周朴园很体贴，可以说是侍萍一生最幸福的时刻，所以她说无锡是个"好地方"。

师：回到第一个问题"三十多年前呢，那时候我记得我们还没有用洋火呢"，同学们思考思考，鲁侍萍为什么提到这个"洋火"，联系戏剧中的一些与火有关的情节，展开合理的联想与想象。

生：周朴园的衬衫上有一个烧破的窟窿，这个情节与火有关，是不是不小心被火弄的。

师：想象合理，文中特别点明是"烧破"的窟窿。

生：鲁侍萍生病，需要关窗，屋子黑，点灯。

生：衣服破了，鲁侍萍在灯下为周朴园补衣服，绣梅花，周朴园则在灯下看书。

师：这是一个非常温馨的画面，想象合理。所以，这句话大有深意啊！

刚才我们说鲁侍萍不仅将话题引到了三十年前，还将话题引到了他们两人的身上，"那时候我记得我们还没有用洋火呢"，这句话中哪一个词体现出来？

生：我们。

师：对，"我们"，所以读的时候，这个词要重读，（师示范）她想借这个词表达什么？

生：他们曾共同生活过。

生：他们之间有不同寻常的关系。

师：侍萍的言行很矛盾，一方面她竭力掩饰自己的身份，另一方面她又主动提及往事，她为什么这样做呢？

生：她想以一个外人的身份了解周朴园对往事的看法，对自己的看法，了解三十年前二十岁的周朴园抛弃自己时的心理，总之想了解周朴园的一切。

生：鲁侍萍似乎还对周朴园抱有好感，还顾念旧情，她把话引向他们一起生活的一些美好时光就是证明。

生：她不想让周朴园认出她，是因为她现在的境遇不好；她想让周朴园认出来，是因为她想借此指责周朴园的无情、残酷。

师：鲁侍萍初见周朴园时，表面平静，但内心却是波澜起伏的。同学们再仔细阅读，鲁侍萍怎样指责周朴园的无情与残酷的？

生："哼，我的眼泪早哭干了，我没有委屈，我有的是恨，是悔，是三十年一天一天我自己受的苦。你大概已经忘了你做的事了！三十年前，过年三十的晚上我生下你的第二个儿子才三天，你为了要赶紧娶那位有钱有门第的小姐，你们逼着我冒着大雪出去，要我离开你们周家的门。"这一段侍萍控诉了周朴园的自私、无情。


### 六、探究人性

师：大家将这一段读一遍，说一说侍萍恨谁？请注意人称代词。

（生齐读）

生：侍萍恨周朴园，她说，"你大概已经忘了你做的事了！"这个"你"

是指周朴园，事情是将她赶出周家。

生：但侍萍后面又将"你"换成了"你们"，我想这个"你们"指的是周朴园的父母。

师：为什么"你们"是指周朴园的父母，还包括周朴园吗？

生：鲁侍萍没有照前面一样说"你逼着我冒着大雪出去"，而说"你们"，说明她认为不是周朴园将她赶出去的，毕竟当时周朴园是个只有二十来岁的青年，又是处于30年代的旧中国，什么事都必须听从父母的。从这里可见，我认为鲁侍萍恨周朴园的软弱，这也是她对周朴园还有一些幻想的原因，也是她复杂心情的原因，所以我认为侍萍不恨周朴园，她只怪命运不好，而非周朴园不好。

师：当年，当周朴园知道侍萍被赶走后，他有没有行动呢？戏剧中写道："我看见她河边上的衣服，里面有绝命书。"可见，周朴园到河边去过，可能去找侍萍去了。

师：经过以上的分析，同学们说说鲁侍萍对周朴园的情感是怎样的？

生：充满了恨，恨周朴园软弱。

生：她开始还对周朴园有一些幻想，残留一些好感，但到周朴园叱责她的出现，并想用金钱来打发她时，她终于对眼前的周朴园有了清醒的认识，于是侍萍不再哭哭啼啼，反而坚强起来了。

师：鲁侍萍这一人物形象也不是单一的，也是在不断变化的，由幻想到清醒，由软弱到坚强。在对话中，她既有意识地隐藏自己的身份，又在语言动作中表明自己的特征，这正是人物复杂内心活动的外在表现。

师：下面我们来分析一下周朴园。当侍萍真正出现在周朴园的面前时，前后态度不同，为什么会发生如此大的不同，他对侍萍的爱是真心的吗？先发言的同学为正方，并说明理由。

生：我认为是真的。三十年了，周还保留着侍萍的一些生活习惯。

生：他用钱来打发侍萍，就可以看出他对侍萍不是真的，因为感情不能用金钱来衡量。他还保留的一些习惯，是出于一种愧疚，有一种想赎罪的心理，并且他现在的生活不是很如意，他的妻子反抗他，他的儿子反对他，于是他把自己的感情都寄托在美丽温顺的侍萍身上。

生：他对侍萍如果不是真的，为什么还要保存那些习惯？所以他对侍萍不是没有感情，而是与金钱相比，金钱、地位更重要。

生：我认为是假的。如果是真的，侍萍都已经为他生了两个孩子，如果父母不同意，他可以带着侍萍私奔啊。

生：他不可能这样做，（一）他是周家的大少爷，这样的封建大家庭的少爷是不可能带人私奔。（二）他也没有能力养活家人。

生：我认为是真的。如果是假的，事情都已经过去三十年了，他伪装给谁看呢？伪装一时容易，但伪装三十年可不容易。

师：这一点很有说服力。

生：我还是认为是假的。如果是真的，当知道眼前的人就是侍萍时，他毫不犹豫地问"你来干什么"，毫无一丝感情，我想他只是对侍萍的一时迷恋。

生：我认为年轻时的周朴园对侍萍是真的。但随着人的身份、地位的不同，他也会有所不同。现在的周朴园是封建资本家，金钱至上，没有什么能改变他对金钱的占有欲。

生：他如果只是一个纯粹的资本家，如果对侍萍的感情是假的，如果他只想以此来慰藉自己孤独的心，他就不会给侍萍五千块钱，五千块钱是什么概念？侍萍每月工钱八块，相当于侍萍52年不吃不喝才能挣到，可以说是一笔天文数字。所以我认为周朴园对鲁侍萍是有真情的。

师：一连用了三个排比句来为表达你的观点，且给大家算了一笔账。同学们就周朴园对鲁侍萍是否有真情提出了自己的看法，且有理有据，都能从某一方面来证明周的虚情假意或是真情实意，可见周朴园这个人物是复杂的，有时温柔多情，有时又心狠手辣，曹禺先生写出了人性的多变与复杂，让人回味无穷，这也是这部剧吸引人的地方。

"三十年前"是怎样的社会呢？光绪二十年，即1895年，清王朝时期，青年男女能否自由追求爱情？不能！周朴园对鲁侍萍的情感，就好比贾宝玉对袭人、晴雯的情感。贾宝玉与林黛玉生活在一起尚不可能，更何况他去追求袭人、晴雯这样的下人！

刚才同学用"软弱"一词来评价周朴园，鲁侍萍在第三幕戏中对四凤说，要四凤发誓不与周家的人来往，有这样一段话："我并不是说人坏，我就是恨人性太软弱，太容易变。"这个结论从哪里得出来呢？从周朴园身上，是三十年沉痛的经历给她的教训，我们把周朴园带进去就是：我并不是说周朴园坏，而是恨像周朴园那样的人太软弱，太易变！所以侍萍对周朴园的感情也是复杂的。

### 七、潜台词

师：刚才我们从戏剧人物中个性化的语言分析了人物复杂的内心世界，而丰富的潜台词也是《雷雨》一大语言特色，请同学们举例说明。

生：鲁侍萍问周朴园"没有事了"，实际上是想表达我们之间还有很多事。

生：周朴园说"谁指使你来的"，意思是你是来敲诈我的。

生：周朴园说"鲁贵像是个很不老实的人"，他怕鲁侍萍将这件事告诉鲁贵。

生：鲁侍萍说"你是萍，……凭什么打我的儿子。"这一句本来她想说你是"萍儿"，可由于阶级对立斗争，鲁侍萍不能认周萍。

师：这一处用的是谐音双关的手法，饱含了侍萍眼见骨肉相残的痛苦。

生："我是你的——你打的这个人的妈。"侍萍几次想认长子周萍，话到嘴边只能硬生生地咽下，本是母子兄弟却成仇人，真是很悲惨。

师：同学们从潜台词中读出了人物的心理、情感，可见曹禺先生语言的魅力。对于一个剧本而言，最重要的是它的语言，如果离开了语言，剧本就成为无源之水、无本之木。"一千个读者就有一千个哈姆雷特！"看来，一千个读者，也会有一千个周朴园和鲁侍萍。这超越了中国传统戏剧中"好人就是好人，坏人就是坏人"的脸谱化单一模式，表现了生活的深度和厚度，这也是作品的魅力所在！

下课！

**备教感悟：**

学生第一次接触到话剧，特别是《雷雨》这部在中国话剧史上里程碑式的作品，因其情节的曲折、关系的复杂、冲突的尖锐、人物的独特、思想的深刻而深深吸引着同学们。但学生的兴趣犹如迸发的火花，如教师不能即时助燃，这可贵的火花就会很快熄灭。同时，学生的兴趣停留在感性的层面，缺乏理性的思考和仔细的琢磨，《雷雨》中意蕴丰富的语言，学生不容易发现和品味，这时教师的引导就至关重要。

学生的学，很多时候并不是积极主动的，特别是语文的学习，教师向学生明确提出本节课的学习目标是很有必要的。教师明确学习目标，使得学生在整个学习过程中方向明确，所有的思维活动都有意识地指向学习目标，从而产生有意注意，心理学指出，有意注意的投入能提升学习的有效性。孟子曰："今夫弈之为数，小数也；不专心致志。则不得也。"一个人心不在焉的时候，视而不见，听而不闻，虽学而无以乐。以往我们总是在课前呈现"教学目标"，这是针对教师而言的，须教者自知即可，无须学者明了，而教学的最终目的是使学习者有所得，因此，课前所呈现的更应是"学习目标"，让学习者明了本节课应达成的目标。明确了学习目标，学生能更好地集中学习注意力，一切的学习活动、思维活动都有意识地围绕目标而展开，才能更好地体味语文学习的乐趣。本节课一开始我就给学生明确本节课的学习目标："个性化的语言"和"从人性的角度去分析周朴园和鲁侍萍的形象"，明确学生要探究的内容，以让他们形成有意注意，有的放矢地学习。

《雷雨》作为现代戏剧的杰出代表，其丰富性、深刻性是不言而喻的，而要了解这些，就需要教师凭借教学方法和技巧来助力。《普通高中语文课程标准（2017 年版）》虽然提出了教师"组织并平等参与问题讨论"，这里的"平等"指的是学生与教师人格上的平等，而非专业知识和教学作用上的完全平等，否则，教师就不需要在讲台上出现了。所以本节课除了探究"周朴园对鲁侍萍的感情是真还是假"这个问题，我让学生自由发表看法外，其余的教学环节都是在教师的引导下展开的，因为曹禺先生的戏剧语言实在太丰富、太深奥了，没有教师的指导，学生的学只能是走马观花、浅尝辄止。

　　教师是教学的组织者、引导者，学生的学习是在教师的引领下完成的。本节课我以探究周朴园的五句问话、相认后周朴园和鲁侍萍的心理变化以及赏析本文中潜台词的意蕴来串起本节课的教学，两人的心理是如何变化的是学习的一个难点，这个问题如果没有教师自己对文本的深入研究，没有教师的引导，学生是很难解决的。我从文本中提出"三十年""好地方""你们"这三个词让学生琢磨其中的深意，从而发现侍萍对周朴园从幻想、顾念到愤怒地批判的变化过程。所以课堂的问题必须是能牵引学生深入文本，提升思维能力和语文素养的有张力的问题，而这一切都依赖于教师的教学智慧！过去教学上主张突出教师的"主要领导"地位，弱化了学生主体性地位，但反过来，弱化教师主导地位，将教师边缘化于教学之外，也是应该反思的，教师要大胆地根据教学的需要，该放手时放手，该牵手时牵手，不要瞻前顾后，反而让课堂教学不伦不类。教师在文化水准、知识结构、学科素养等方面是高于学生的，教师在教学中要凭借自己深厚、扎实的语文功底，用适宜的形式将对文本的高见传达给学生，无论这种形式是"放手式"还是"牵手式"。教师要以对学生进行精要的点评、适时的示范、高效的互动等方式使学生获得提升，而不能任由学生不着边际地发挥，如有的学生在谈到周鲁如果私奔的话题时，又无边际地谈到罗密欧与朱丽叶，这就偏离了本课的学习目标，教师要及时将话题拉回正轨来。这在《普通高中语文课程标准（2017年版）》中有所指示："教师应向学生提供有效的学习支持。如做好问题设计，提供阅读策略指导，适时组织经验分享和成果交流活动，在学习过程中随机指导点拨……"

# 02

作文教学

# 开篇破题 落笔生花

## ——如何写好材料作文开头

**学情分析**：学生对于材料作文的写作并不陌生，但常常过度地引用材料，扩写材料或者对所给材料熟视无睹。扩写材料给阅卷老师的感觉是这个考生无话可说，用所给作文材料来充数；对材料熟视无睹，造成材料与论点"形同陌路"，这都是必须解决的问题。

**教学目标：**

1. 指导学生辨析开篇优劣并帮助学生树立写好"凤头"意识。

2. 回顾议论文开篇写作方法，重点指导"点题"技巧。

3. 掌握并能够运用一至两种方法进行作文开头的写作训练。

**教学重点**：使学生了解材料作文开头段如何引材与评材。

**学习目标**：掌握并能够运用一至两种方法写好作文开头。

**教学时数**：一课时。

### 一、导入新课

师：高尔基说"写文章开头第一句是最难的，好像音乐里的定调一样，往往要好长时间才能找到它"，可见要写好文章开头很不容易，但却很重要，我们要力求做到开篇破题，落笔生花。

PPT 展示：

首句标其目，卒章显其志。

—— [唐] 白居易《新乐府序》

开卷之初，当以奇句夺目，使人一见而惊，不敢弃去。

—— [清] 李渔《闲情偶寄》

起句当如爆竹，骤响易彻。

—— [明] 谢榛《四溟诗话》

师：白居易的这句话意思是指文章一开头就要切题，要开门见山。清代戏曲理论家李渔对作品的开头也有类似的看法"开卷之初，当以奇句夺目，使人一见而惊，不敢弃去。"明代著名学者谢榛用了一个形象的比喻，他认为开头就要像放炮似的，使人耳目一震。可见，作文的开头要点睛明目，要干净利落，要美丽奇秀。那么，材料作文该怎么开头才能达到这样的效果呢？

师：首先同学们得明白一个问题，材料作文开头为什么要引材料。新材料作文的材料是特定的观点的载体，材料是写作内容和立意的依据。虽然可以选择一个侧面，一个角度构思作文，但材料本身规定了文章的立意中心和角度，文章与材料是一种很亲密的关系。文章围绕的是材料，所写文字跟材料密切相关，所以新材料作文写作原则上要引用材料。试题提供的材料，是立意的引子。

其次，同学们还要明白，开头引材料的作用。议论文开头引述材料，论证中还要回扣材料，我通常称之为"一步三回头"，正所谓"回眸一笑百媚生"。这样能更好地防止一动笔就出现偏题离题现象，同时让阅卷老师明白你的主题是根据什么提出来的，给阅卷老师一个信息——我的作文是围绕材料来写的。

PPT 展示：

材料引用的形式：

①概括句引述：简要交代"谁"，做了什么事，有什么影响或意义。

②关键句引述：文中表达思想情感、观点态度的话。

③思辨引述：将材料内容作为观点表述的一部分。

**二、习作点评　问题归纳**

师：今天，老师把上一次所写的作文，选取一些同学作文的开头，就其中存在的问题进行分析，下面同学们齐读上一次作文材料。

PPT 展示：

试题回放：阅读下面的文字，根据要求作文。

近日，92 岁高龄的国家科技最高奖获得者吴良镛拄着拐杖，在工作人员的搀扶下，一步一步缓缓走上人民大会堂报告台，坚持站着 35 分钟讲完了以《志存高远　身体力行》为题的报告。半个小时之多，他坚持站着做完了报告。工作人员怕出现意外专门搬了把椅子坐在吴老身后。此情此景让不少与会的人动容。但放眼台下，大批后排学生一片片"倒"下，趴在桌上睡去。当天，台下坐着的是首都多所高校近 6000 名新入学的研究生。

要求选好角度，确定立意，明确文体，自拟标题，写一篇不少于 800 字的作文。

师：同学们看这一材料作文，出题人的出题意图是指向教授还是指向青年学生？

生：指向青年学生，批评他们的行为。

师：当然可不可以赞扬教授严谨、身先垂范的精神呢？也可以，但从命题人的意图还针对学生的不良行为。

师：下面请看老师抄录的同学们的作文。（生齐读）

PPT 展示：

尊重他人

生活就像一面镜子，你哭他也哭，你笑他也笑，只有你尊重了他人，他人才会尊重你。（开头 34 字）

尊重别人，是连接心与心的桥梁。敬人者，人恒敬之。松下幸之助招待客人谈生意，一行六人都点了牛排，待客人吃完，松下幸之助请服务生叫来主厨向他解释：你烹调的牛排，我只能吃一半，牛排真的很好吃，只是我已

80 岁了胃口不如从前，我担心你看到吃了一半的牛排被送回厨房你会伤心。所以当面向你解释。主厨当即握住了他的手，在座的客人也更愿意跟松下合作了。我想松下成功的原因之一是他懂得尊重他人，赢得了人心，也赢得了生意。(235 字)

师：请同学来评一评这篇作文的开头有什么问题？

生：作文的主题是针对学生的不良行为而提出"尊重他人"的主题，是正确的。但是感觉第一句很突兀，不知从何而起。

师：第一句没有来由，接着的第二段写松下幸之助的事例，还是没点材料，这样会给阅卷老师套作的嫌疑。再来看一位同学的作文开头。(生齐读)

PPT 展示：

### 别让道德成为人生的短板

道德是人类亘古不变的话题，一个有德之人，行于社会，一定能惠及他人，无德者无以立天下。随着社会的发展，物欲横流，道德沦丧，更有甚者，许多读书人也将道德抛之脑后，对演讲台上用心指导的老教授视而不见，此种行为比比皆是。如果在学习知识的同时不能学会做人，那么道德的缺失会将人毁掉，德之不修，何以行远？别让道德成为人生的短板。(156 字)

师：这篇开头问题在哪？

(生默然)

师：引了材料没有呢？

生：引了材料，也由此提出了自己的观点，还用了反问句，好像没什么问题。

师：引用了材料，但是"对演讲台上用心指导的老教授视而不见的行为比比皆是"这句话表明这是一个普遍的现象，一下就跳到普遍现象上去，表达上缺什么呢？命题人给的材料是一个个案，应由这个个案再生发到对普遍现象的思考上去，引发对这件事的思考。思维应是：由个案再到普遍现象，说明这个问题严重了，是该引起人们的思考的。下面请同学们修改一下这段开头。

生：道德是人类亘古不变的话题，一个有德之人，行于社会，一定能惠及他人，无德者无以立天下。随着社会的发展，物欲横流，道德沦丧，更有甚者，竟在90多岁高龄的老教授站着演讲时，一些研究生昏昏睡去，国家栋梁竟如此形象，令人不寒而栗。生活中也有许多读书人将道德抛之脑后，对演讲台上用心指导的老教授视而不见，此种行为比比皆是。如果在学习知识的同时不能学会做人，那么道德的缺失会将人毁掉，德之不修，何以行远？别让道德成为人生的短板。

师：对了，有了对个案的陈述，指出个案中学生的错误，再延伸到目前出现的普遍现象，表达上也更为流畅、衔接。请同学们齐读第三个同学的第一段。（生齐读）

PPT 展示：

### 读书人要有素质

2014年9月16日在北京人民大会堂举行一场盛大的集会，92岁高龄的国家高新科技奖得主吴良镛院士为新入学的研究生做报告，短短的35分钟里，吴院士是站着讲完的，而大片的学生却趴在桌上睡着了，这不免让我想到一个问题：他们的素质都去哪儿啦。一个德高望重的老教授给你们讲课，你应认真听才对，要做到对长辈起码的尊重。而你们呢，不好好听也就算了，还公然睡觉，还像研究生的样子吗？这也告诉我们，我们要做个有素质的人。（196字）

师：问题在哪里？

生：人称变来变去，指代不明，语言混乱。

生：材料引得太多，几乎是机械地照搬。

生：语言口语化，没有文采。

师：同学们注意，对材料的分析与观点应有内在的联系，分析材料是搭建材料与观点之间的桥梁。分析不到位，浮于表面，没有挖到事情的根。

### 三、合作探究 方法指导

师：总结同学们材料作文第一段写作上的失误：一是没有引材料；二是引述材料过长，不简洁，没有概括性；三是即便引了材料，却机械地照搬，造成材料与观点之间缺乏有机的过渡，逻辑不清晰。那么，同学们应该怎样才能避免以上失误呢？今天老师就给同学们写好材料作文开头的四个方法。首先请同学们齐读这一段，小组为单位分析作者是如何写的。

（生齐读）

#### 欲修学问先修身

92岁高龄的吴良镛先生坚持35分钟站着演讲，换来的却是听讲的研究生成片趴下甚至呼呼睡去。其中原因何在？我想是这些睡去的研究生不懂得对人要有起码的尊重。这些高才生在做人方面竟然如此低水平，多年的求学却未习得做人的基本素养。这不得不引起人们唏嘘感慨：欲修学问先修身。(129字)

生：先引材料，然后用疑问句引出对这件事的看法，最后提出论点。

师：材料与观点之间的关系呢？

生：搭桥搭得到位，分析深刻，并在第一段提出观点，观点的提出明确，材料与观点的关系清晰。

师：引用材料语言精练，第一段仅仅129个字，包括了材料、分析、观点，思路清晰。这就是第一种方法。

PPT展示：

#### 方法一：概述材料 + 简析 + 观点

师：齐读以下文段，分析作者是如何开头的。

#### 人而无德 行之不远

一面是德高望重的科技泰斗，一面是刚刚入学的研究生；知识的差距不言自明。一面是苍颜白发的耄耋老者，一面是二十出头的莘莘学子；年龄的悬殊一看便知。一面是坚持站着做演讲，一面是无所顾忌睡下去；修养的高下天差地别。且不说尊重知识尊重人才，单是说尊重长者以礼待人，睡去的研究生应觉无地自容。高校学生上课睡觉并非偶然，由此暴露出中国教育目前存在的问题。尊师重教之风焉能沉睡，为人以礼之德不可倒下，否则行之不远。（190字）

生：开头引了材料，经过分析后提出论点。

师：这样看来，这一段的写法与上一段是一样的？

生：这一段开头的写法是将材料中的双方进行对比，然后得出结论——知识的差距不言自明，年龄的悬殊一看便知，修养的高下天差地别。

师：很好，看出了不同，这位同学一边引材料，一边评析材料，叙议结合，为提出观点做铺垫，可看出作者对命题人的命题意图把握得非常精准。

PPT展示：

方法二：边引边议＋观点

师：齐读下面这段文字，分析作者是如何开头的。

PPT展示：

不修身何以修学业

当音乐学院的高才生药家鑫将人撞倒并连刺数刀致人死亡后，当清华学子刘海洋将硫酸泼向无辜的黑熊时，当研究生置身人民大会堂听吴良镛院士演讲趴倒睡觉时，人们不禁要问：中国的大学生到底怎么了？修身齐家治国平天下，这是中国历史延续千年的对读书人的要求，更是当今社会对人才的道德要求。十年寒窗，不仅仅是为了一纸文凭，更重要的是在读书中修身养性，提升自我。士不可以不弘毅，任重而道远，不修身何以修学业。（194字）

生：运用排比的方法列举事例，使议论更深刻，为提出观点做准备。

师：通过列举几个事例后，提出观点就水到渠成了。

生：材料有时代性，有现实针对性。

生：作者的见识广，积累丰厚。

师：请同学们关注小作者所选用的事例有什么共同之处？

生：选用的事例也是大学生的事例，并且事例中的这些人所做的事与他们的知识学业水平成反比。

师：在列举这些社会现象时，小作者把命题人所给的材料巧妙地引出，形成反比，增强了说服力。可见所用的材料是有针对性的。

PPT 展示：

方法三：社会现象＋引用材料＋分析＋观点

师：齐读下面的文字，各小组看看这是何种开头？

高才生岂能趴下

康熙帝曾说："国家用人，当以德为本，才艺为末。"研究生是国家培养的人才，德才兼备方为人才。最近发生在人民大会堂的一幕令人触目惊心，92 岁的院士站着演讲，20 多岁的研究生趴着睡觉。老人对学术的热爱与尊重令人钦佩；青年对学术的漠视和道德低下令人瞠目。陶行知说："道德是做人的根本。根本一坏，纵使你有一些学问和本领，也无甚用处。"相对于高学历，学会做人更重要，高才生岂能趴下。（183 字）

生：引用阐释道德的名言，再引材料，最后提出观点。

师：引材料后就直接提出观点吗？

生：又用陶行知先生的名言来对材料加以分析。

师：去掉行吗？

生：不行，这段分析是起搭桥作用的，为提出观点做铺垫和阐释。

PPT 展示：

方法四：引用名言＋概述材料＋分析＋观点

**四、学习致用**

师：下面同学们用刚才所学的四种材料作文开头的方法，就下面的材料作文写一个议论文的开头。

PPT 展示：

阅读下面的文字，根据要求作文。

一位老人蹲在邮局大厅内清点大堆零钞的照片被发到网上，引发众多网友关注。照片中，一位六七十岁的老者蹲在邮局大厅内，身前是成堆零钞，老人披着一件深蓝色衣服，裤管卷到膝盖处，额头和膝盖都有疤痕，身旁，则放着几个超大的塑料袋。照片中的老人来自江苏，靠乞讨为生，每月能往家汇款万元左右。老人曾讲过，他靠乞讨来的钱供家里的三个大学生，家里盖了两层楼房，乞讨的钱是家里的主要收入来源。

对于这位乞丐万元户，有网友表示：人们的同情心就是被这些骗子透支完了，占用了那些真正需要帮助的人的资源。也有网友说：就算是人家给你磕个头也值一块钱。还有网友说：不能以收入多少判断乞讨者是否真诚。真让我趴在那里风吹日晒，我还真受不了那个苦。给你每月一万，你能做到当街乞讨吗？

要求选好角度，确定立意，明确文体，自拟标题，写一篇不少于800字的作文。

生：一面是乞讨者的跪地磕头，一面是金钱的诱惑；一面是跪地者的风吹日晒，一面是同情心的泛滥；一面是乞讨者月入万元的收入，一面是众人非议。当乞讨者变成四体不勤的万元户，我们的心不禁一惊一寒：若让我们的同情心变成被利用的工具，善良将何以安放？请善待人们的同情心！

师：请同桌来评一评。

生：将所给材料进行对比与排比，再做分析，最后提出"请善待人们的同情心"的论点。

师：是对材料的引用，同时也是对材料的分析，最后提出论点，水到渠成，你听得也很认真，分析得很好。

生：古语云："志者不饮盗泉之水，廉者不受嗟来之食。"在当今社会，万元户这类乞骗行为透支着人们本就"不富裕"的同情心，甚至使人心冷，而当真正急需帮助的人因这类行为而得不到及时的救助时，乞骗者无疑成了间接的谋杀者。请乞骗者停止你不良的行为，也请将爱心投射到真正需要的地方，让爱永恒！

师：同桌来点评。

生：开篇引用名言，使议论有力，然后紧扣材料加以分析，指出诈乞行为的危害性，最后提出观点"让爱永恒"，观点鲜明。

师：希望同学们写好材料作文的开头，树立"凤头"意识，有一句流行语这样说"我们看人始于颜值，陷于才华，忠于人品"。同样，我们的作文也是一样，始于"颜值"，这个"颜"首先就表现在文章开头。开篇开得好，格调也就出来了，所以我们要在开头上下功夫！

**备教感悟：**

叶圣陶先生说："我想教任何功课，最终目的都是在于达到不需要教……给指点，给讲说，却随时准备少指点，少讲说，最后做到不指点，不讲说。"可见，教会学生方法，有时比知识本身更重要，正所谓"授人以鱼，不如授之以渔"，因为人不是只会收纳的鱼筐。

杜甫这句"意匠惨淡经营中"，说的就是好的文章都是作者"惨淡经营"的成果。汉语是我们的母语，用母语进行写作，学生不是一无所有，而是从少到多，从不完善到相对完善的过程。因此，学生写作水平不高，通常不是结构性的整体缺陷，切合题意、800字的作文绝大部分学生还是能够完成的，起评分是可以拿到的，但要想拿到高分，教师就必须对作文的标题、开篇、结尾、主体段落该如何写作，语言、句式的运用等板块进行打造，教师要对这些局部性的问题加以"矫正"，就可以逐步提高学生的整体写作水平。

因此，基于以上思考，本节作文教学课的目标就锁定在如何写好议论文的开头，教学的切口小，目的是让学生一课一得，因为贪多嚼不烂！

所谓"凤头"，不仅要好看，更要充实，不能是绣花枕头。所以议论文开头立论，要使读者（阅卷老师）知晓议论缘何而来，从而避免凭空立论，才能牵引读者一步步地紧跟议论的脉搏，才能领起全文的精彩。对症下药，方能药到病除，教学也是如此。教师应该有明确的教学目标和教学方法，方能使学生有所得。在写作教学中，有效提高学生语言的表达能力是教学的难点，老师如果能教给学生一些行之有效的方法，使学生可以有意识地运用所学方法来指导自己的写作，力求做到"言之有物"且思路清晰，以理服人。在本节课中，本人就学生之前习作中出现的问题予以"开方"，给出了四种写好议论文开头的方法，简单易行，在当堂课的检验中，学生运用自如，达到预期目标。

我想，教师只有认真研究本班学生学习上的问题，从学生的具体问题出发，引导他们经营好一段，进而才能经营好一篇。

# 手持彩练当空舞

## ——如何使议论文写得深刻而有文采

**学情分析：** 不少学生写作议论文时存在很大的随意性，想到哪就写到哪，行文没有章法，文章也不可能写得深刻，更谈不上有文采。

**教学目标：**

1. 学习并掌握议论文层进式议论的方法。

2. 学会几种常见的论证方法。

**学习目标：**

1. 能灵活运用层进式展开议论。

2. 能灵活运用几种常见的论证方法展开论证。

### 一、新课导入

师：人们思考问题常常是按照提出问题—分析问题—解决问题的思路进行，也就是是什么—为什么—怎么样的思维路径，这就是递进式或是层进式的思维。作文按这种结构框架就是递进式或层进式结构，文章各层之间是逐层深入、步步推进的关系。例如：以"谈尊严"为题，运用层进式论证结构编写一个写作提纲。

PPT 展示：

运用递进式结构构思以"尊严"为话题的提纲。

1. 什么是尊严？——提出问题

2. 活着为什么要有尊严？——分析问题

3. 怎样才能获得尊严？——解决问题

**二、初步了解层进论证**

师：以"谈风度"为题，运用层进式论证结构编写一个写作提纲。

生：1. 阐释什么是风度？

    2. 论述为什么要有风度？

    3. 怎样才能有风度？

师：很好。题目为"谈风度"，可直接作为文章中心论点，运用层进式论证结构，即以"是什么—为什么—怎么样"为文章的结构思路。下面请同学们运用之前学过的并列式论证方法充实写作提纲，当然也可以用层进论证的方法。

生：风度是什么？风度是一种美德，是一种教养，是一种风采。

生：为什么要有风度？有了风度，能受到别人的尊重；有了风度，能使人与人和睦相处；有了风度，能化干戈为玉帛。

生：怎样才能有风度？要想有风度，须加强道德情操的修养；要想有风度，须言行有度；要想有风度，需要多读书来充实；要想有风度，需要有一颗豁达大度的心。

师：论述"怎么样"是解决问题，方法、措施应该具体，第一点"加强道德情操修养"，比较抽象，不够具体明确，后三个点的做法就具体切实多了！

**三、实战演练**

（一）拟写标题

师：下面请同学们就这则材料作文审题立意。

PPT 展示：

一份由某学校 7 名中学生撰写的"提案"，近日被提交给全国两会。据悉，这已是该校第四次通过少年模拟政协活动，将中学生"提案"带上全国两会。

全国少年模拟政协活动，以高中生为主体，是一项公益性的青少年创新实践活动。至今，活动已连续举办 5 届，全国 200 余所中学的 2000 名学生先后参与其中。

师：这则材料引发你怎样的联想与思考？请同学们说说自己的立意。

生：材料的主要人群是高中生，他们提出提案就是参与国家大事，关心国家大事。我的立意是"天下兴亡，匹夫有责"。

生：关心国事，就是关心国家，我的立意是"祖国在我心中"。

生：十六七岁的高中生是国家的未来，我的立意是"少年强则国强"。

生：少年有参政议政的能力，参照一部名叫《少年派》的电影的片名，我的作文标题是《少年！做派》。

师：你所说的"做派"这个词怎么理解？

生："做派"就是少年的形象、少年的行为、少年的样子。

师：立意正确，标题新颖。

生：从高中生提交提案来参与国家建设这个角度，我的作文标题是《制度创新　人才创新》。

师：从制度的角度来审题立意。下面，选一个立意来深入论证。

生：选《少年！做派》吧，这个题目很吸引眼球。

（二）多角度展开论证"是什么"

师：下面同学们就以"少年！做派"为话题进行层进式论证，首先论证"是什么"。

生：少年做派是"我命由我不由天"的勇气，是"富贵不能淫"的骨气，是"舍我其谁"的底气。

生：少年做派是"一夫当关，万夫莫开"的胆气，是"长风破浪会有时，直挂云帆济沧海"的豪迈，是"春蚕到死丝方尽"的奉献。

生：少年做派是"先天下之忧而忧"的忧国忧民，是"壮志饥餐胡虏肉，笑谈渴饮匈奴血"的勇猛，是"横眉冷对千夫指，俯首甘为孺子牛"的爱憎分明。

生：是"千磨万击还坚劲"的无畏，是"家事国事天下事事事关心"的担当，是"会当凌绝顶，一览众山小"的自信。

师：同学们的关键词多是勇气、担当、自信、无畏，思路比较狭窄，如果大家都写这些，阅卷老师就会有审美疲劳，请同学们发散思维，人类还有哪些优秀品质？请另选一些独特的角度来阐释。

生：孝顺、谦逊、创新、乐观。

生：节俭、大度、善良、勤劳。

生：少年做派是"三人行必有我师"的谦逊，是"海纳百川"的胸怀气度，是"王祥卧冰""黄香暖席"的孝顺。

生：少年做派是"一粥一饭当思来之不易"的节俭，是"予人玫瑰手留余香"的善良，是"心底无私天地宽"的坦荡。

生：少年做派是温润如玉的谦谦君子，是一诺千金的诚信，是睥睨天下的王者之气。

师：刚才同学们都采用引用论证，还可以用其他的论证方法吗？比如比喻论证。

生：少年做派如喷薄而出的朝阳，如破土而出的嫩芽，如迎风招展的旗帜。

生：少年做派是翱翔蓝天的雄鹰，是湛蓝天空中的启明星，是奔赴大海的汹涌波涛。

师：下面同学们还可以从什么角度对"是什么"进行论证呢？

生：反面论证。

生：因果论证。

师：对，下面一、二组的同学就刚才的正面论证后，再写一组句子从反面来论证，三、四组采用因果论证。

师：三、四组的同学来展示论证。

生：少年因为有勇气，才有霍去病"匈奴不灭，何以家为"的壮举；因为有骨气，才有少年周恩来"为中华之崛起而读书"的担当；因为有底气，才有项羽"彼可取而代之"的自信。

生：因为有了胆气，我们才会初生牛犊不怕虎，不怕失败与挫折；因为有了豁达的胸怀，我们才能成长得更快，收获得更多，发展得更猛；因为有担当，我们才更策马扬鞭，挑灯苦读，闻鸡起舞！

生：少年做派是"一屋不扫何以扫天下"的实干担当，而不是在花前月下、声色犬马中蹉跎岁月；是运筹帷幄、决胜千里的雄才远略，而不是处心积虑、急功近利的鼠目寸光；是披肝沥胆、任重道远的开拓进取，而不是自怨自艾、安于现状的悲观颓唐。

师：正反对比比较难，三组句子所用词要形成相对，你写得很好。再请同学朗诵自己写的文段。

生：少年做派不是"东风不与周郎便，铜省春深锁二乔"的侥幸，而是"且将新火试新茶，诗酒趁年华"的奋斗；不是"寤寐思服、辗转反侧"的儿女情长，而是"男儿不展青云志，空负天生八尺躯"的豪迈。

师：选了两个新的角度进行正反论证，"侥幸"和"儿女情长"。

生：少年做派不是"韩流"描眉画唇的阴柔风，而是"敢与天公试比高"的阳刚气；不是优柔寡断、畏首畏尾的怯懦，而是"直挂云帆济沧海"的勇往直前；不是"匹夫见辱，拔剑而起"的莽撞，而是泰山崩于前面不改色的淡定。

师：又有一个新的角度"莽撞"，而且引用苏轼的名句又恰到好处地证明"莽撞"，很好。

生：少年做派不是事不关己、高高挂起的冷漠自私，不是目光短浅、胸无大志的得过且过，不是人云亦云、随波逐流的碌碌无为；而是"先天下之忧而忧、后天下之乐而乐"的家国使命，是"报君黄金台上意，提携玉龙为君死"的志气。

（三）多角度展开论证"为什么"

师：排比使文气更舒畅，对比使论证更周密，引用使论证更凝练。解决了"是什么"的问题，文章下一步就要论证"为什么"，采用道理加上举例论证的方法，论证少年"为什么"必须要有做派。

生：面对美军侦察机在我国领空的肆意挑衅，我国年轻的海空卫士王海用勇气捍卫祖国尊严，用勇气斩断来犯者的退路，用勇气在中国领空上留下骄傲的身影！少年做派就是用勇气抒写"犯我中华者虽远必诛"的誓言，斯人虽已逝，浩气永长存！

师：请思考，这段论述回答了"少年为什么要有做派"的问题了吗？

生：好像阐述的是"少年做派是勇气"。

师：论证时要理清思路。另一位同学先说，请你再做修改。

生：少年有做派，是心中有底气。因为有底气，少年心中有沟壑，眼里存山河；因为有底气，少年乘长风破万里浪；因为有底气，少年精忠报国！男儿不展风云志，空负天生八尺躯。自古英雄出少年，少年乃国之栋梁，少年的底气是国之底气，是面对美国的经济封锁，喊出"不愿打，不怕打，必要时不得不打"的中国强音；少年的底气是像华为那样，虽处于波谲云诡的国际形势仍处变不惊。

生：自信是少年最美的做派。因为自信，是少年追梦路上不竭的动力！你曾见过奥运会上的小将吗？有些不过是和我们一样的花季少年，他们用矫健的身姿、娴熟的技艺让国歌在世界赛场奏响；你曾见过舞台上尽情歌唱的男孩女孩吗？他们用自己青春洋溢的歌喉热情赞美祖国；你曾见过教室中静默读书的莘莘学子吗？沙沙的书写声是为他日中国的怒吼储蓄力量。自信，让中国少年发光；自信，让中国发光！

生：中国的领土很大，但没有一寸是多余的！少年必须要有保家卫国的做派。古语云"犯我中华者虽远必诛"，余亦云：犯我中华者虽强吾不畏！面对美军侦察机在我国领空的肆意挑衅，我国年轻的海空卫士王海用勇气捍卫祖国尊严，用勇气斩断来犯者的退路，用勇气在中国领空上留下骄傲的身影！壮哉，我中华少年！斯人虽已逝，浩气永长存！

师：这次的修改明确地论证了"少年为什么要有做派"。

（四）多角度展开论证"怎么样"

生：有国才有少年，有少年国必有希望！封狼居胥的少年霍去病让匈奴闻风丧胆，踏破贺兰山缺的岳飞守护大宋的尊严，"两弹一星"的元勋钱伟长少年时就树立"祖国的需要就是我的专业"的理想，用知识捍卫国家的安全。我中华少年的做派就是使中国无比荣光。我们一端接着理想，一端埋头苦干，枕戈待旦，令中华之名响震苍穹！国在，少年强；少年有派，国运恒昌！

生：然则何以为之？脚踏实地，不负使命勇担当。君不见，"蛟龙号"总设计师、潜航员叶聪，付出常人百倍努力，让大国重器落地；君不见，"嫦娥"团队中那些"90后"的少年，惨淡经营，让世人成功看到了月亮的另一张脸，震动了世界；君不见，成功抢救"龙江二号"并拍下被世界盛赞的地月合照……少年就应如此，有初生牛犊的勇猛，更有脚踏实地的定力！

生：少年之做派，应以己之青春，献国之富强。当不骄不傲守平凡，不卑不亢有骨气。何为不骄不傲？君不见，耄耋之年的张富清，以青春奉献祖国立下赫赫战功，却隐姓埋名30年，只因不愿让国家添负担。何为不卑不亢？君不见，不畏强敌所压，在困难中高举中国旗帜的华为，向世界展现国之强大，飞腾的华为掷地有声的话语：美国对华为够不上威胁！少年之做派，当以奋斗的姿态，不骄不傲，不卑不亢，在困难中屹立不倒，在成就里继续向前。

师："守平凡"论述了吗？

生：我将"只因不愿让国家添负担"改为"仍在平凡的岗位上做一颗螺丝钉，做一块砖，哪里需要哪里搬。"

师：这样的论证才周密。

生：然则何以为之？少年做派不是等着前人栽树，自己去乘凉，而是要有毛泽东"到中流击水，浪遏飞舟"的胸襟与壮志；要有史铁生"生命予我以黑暗，我予世人以微笑"的豁达；更是要有"纸上得来终觉浅，觉知此事要躬行"的实践精神。

师：这节课，我们分成三个写作小活动就"少年！做派"的话题进行了层进论证，从提出问题—分析问题—解决问题的论证过程，完成了文章的主体部分的论证。同时，这节课还学习运用引用论证、举例论证、比喻论证、因果论证等方法来加强说理。

**备教感悟：**

议论文的特点是"以理服人"，不仅要求语言富有文采，而且逻辑性要强。但在写作教学中，我们常常发现学生笔下的议论文观点或不准确，或肤浅俗套，思路零乱，语言粗糙，论证不足，很难以"理"服人，这些问题是通病，也是摆在一线教师面前必须突破的问题。有专家说："学生的文章写不好，不是由于他写了几个错字，或是不懂语法，主要是逻辑思维问题，逻辑问题会导致语法问题，会导致篇章结构混乱，会导致文章缺少新意。"因此，在平时的作文教学中，教师应该有意识地训练学生的逻辑思维，使之思路清晰，文章闪现思维的火花，且经得起推理，让作文从随意、不规范走向规范化和条理化。《普通高中语文课程标准（2017年版）》明确指出："语文课程作为一门实践性课程，应着力在语文实践中培养学生的语言文字运用能力。"所以，作文教学必须要在实践中推动学生的思维爬坡。邓彤、王荣生在《写作课程策略的转型》中指出："改善学生写作并不需要序列化的全面的写作知识，只需要对学生写作中的一两处关键困难提供必要的知识支持，就足以促进学生的写作学习。"所以，写作教学可以采取化整为零的方法，针对学生写作中遇到的主要问题或困难，对症下药，找准学生的需求，找准学生的核心困难，解决关键问题，这是写作教学的实际所在。

陶行知先生说："先生教而不做，学生学而不做，有何用处？"老师们在教学生写作文时，有没有想过自己写一篇下水作文呢？用实际行动证明你不仅会教，你更会写；不仅会让学生心悦诚服，更能激起他们的写作欲望和热情。下面是一次月考作文题，学生写任务驱动作文还较困难，于是本人就写一篇作为示范，采用层进论证和辩证分析的方法，就"孝"的问题"就事论事"谈自己的观点态度。

阅读下面的材料，根据要求写作。（60分）

最近，"儿子出国深造20年杳无音讯，常州病危老母亲盼见儿子最后一面"的消息得到了全国媒体的广泛关注。王永强在走上人生巅峰、成为博士后之后突然出国，一去不返20年。如今母亲病危，想见他最后一面。在网友的帮助下，王永强的家人通过越洋电话给在美国的他留言，对于是否会和母亲相见，他的答复是"清官难断家务事"。有的网友对此评论说："'百善孝为先'，父母生了你，养了你，还供你上了学。即使他们有天大的错，难道临死时，还不能见你一面？"也有一些网友评论说："很多家庭，很多的人，亲兄弟不如邻居，亲生父母不如隔壁大妈。何必再见？"

你对王永强事件又有怎样的看法呢？要求：选好角度，明确文体，自拟标题；不要套作，不得抄袭；不少于800字。

## 血浓于水何相煎

王永强如黄鹤一去，杳无音信二十年。如果没有热心网友"人肉"，不知他还会隐匿、消失到何时！面对病榻上的老母，他仍冷眼旁观，一句"清官难断家务事"，似乎让我们看到些许隐情，但无论如何，我相信"血浓于水"是人间至情，亲人何苦要相煎！

尊老爱幼是中华民族的传统美德，我们尚且将"老吾老"推及"人之老"，更何况对生养自己的父母，更应是孝敬有加才是啊！而王永强竟然割断血脉，不闻不问，视父母为路人二十余年，于心何忍？不管这背后有多大的委屈，多大的无奈！没有哪一个人是风吹长大的，母亲十月怀胎、一朝分娩、十多年的艰辛，一勺一勺地喂养，一步一步地引领，岂是说舍就能舍的？更何况王永强从小学、中学、大学直至博士后，一路走来的漫长求学之路，父母应是他最坚强的后盾，最可靠的港湾，最难得的知音。有人说，父母在，人生有来路；父母走，人生只有归途！

王永强，读了万卷书，行了万里路，按理说是个知书达理、心胸宽广的读书人。但好像事实并非如此。他斩断了根，断了来路，如浮萍飘浮在异乡。也许他有自己的苦衷，有诸多不为外人道的隐情，但生而为人不应该忘本！感恩父母赐予生命，你才有看大千世界的机会。乌鸦尚知反哺，小黄香为父暖床，王祥卧冰求鲤为继母，以德报怨，传为佳话。所谓"百善孝为先"，不孝，何以立言，立功，立名！

也许有人说："你站着说话不腰疼。"是的，我有爱我胜过爱他们自己的一双可敬可爱的父母。所以我选择相信真、善、美的光辉普照人间，希望王永强能放下前嫌，纵使父母有百般不是，实现老人临终的愿望，这可谓人之常情！毕竟，你也为人父，你怎么向你的孩子解释这一切呢？有一天，你的孩子会不会以你为"榜样"呢？

我并不认同"天下无不是的父母"的愚孝，父母的行为不一定就完全是正确的。的确，世上仍存在那么一些不合格甚至荒唐的父母。他们视儿女为印钞机，私有财产，掌控儿女的一切，《欢乐颂》中的"樊胜美"，《安家》中的"房似锦"，现实生活中的影视明星蔡××，替母还赌债，倾家荡产，最后不得以通过法律手段，与母亲断绝关系。她们被父母掏空了，俗话说"虎毒不食子"啊！王永强选择逃离，谁之过？为人父母，该反思反思！有人说："当你紧握双手，里面什么也没有，当你打开双手，世界就在你手中。"同理，我想对天下父母说："当你紧拽住孩子，他却离你越来越远；当你打开双手，他就在你的身边！"孩子是一个独立的生命体，他该有属于自己的美好人生。父母与子女，是前世的缘分，彼此应珍惜这一世的相遇！

希望每个家庭父慈子孝，而非形同陌路；希望每个家庭都能"父父子子"，各尽其责，守望相助；希望万家灯火里，心是善的，情是真的，血是热的且浓于水！

# 天光云影共徘徊

## ——议论文写作中的记叙

**教材分析：**《普通高中语文课程标准（2017 年版）》（以下简称《标准》）对高中生写作议论文能力有明确的要求，从写作观念看，《标准》强调写作是个人的自由表达，淡化写作的功利倾向；从写作内容看，《标准》突出了"生活作文"的价值取向。

**学情分析：**学生已有议论文写作基础，但在事实论据运用中仍然不知道如何恰当剪裁，或完全誊抄材料，或东拉西扯，导致写出来的文章既不是议论文，也不是记叙文，造成文体不清的现象。

**教学目标：**

1. 从文体写作的目的入手，了解议论文中的记叙和记叙文中的记叙的不同。

2. 掌握议论中定向写作的技巧。

3. 能够灵活运用所学的知识进行片段练习，总结写作规律。

**教学重难点：**

1. 重点：掌握议论中的记叙的写法，能根据论点对素材恰当地进行定向转述，使之成为有力的论据。

2. 难点：掌握三步转述法。

**教学方法：**

1. 案例分析法：通过对学生习作中出现的问题加以点评分析，让学生对本课教学内容有基本了解。

2. 范例教学法。

3. 讲练结合，对比教学。

### 一、导入新课

师：上新课前，哪位同学来说说"喧宾夺主"这个成语的意思。

生：大概是说客人夺了主人的地位。

师：理解正确，请看屏幕。

PPT展示：

喧宾夺主：客人的声音比主人的还要大，比喻客人占了主人的地位或外来的、次要的事物侵占了原有的、主要的事物的地位。

### 二、问题反馈

师：下面这篇议论短文是班上同学的作文，就犯了"喧宾夺主"的毛病，同学们齐读，然后同学们来点评。

做命运的朋友

有的人认为命运可以主宰一切，没有人能摆脱命运的控制，可我认为：人定胜天，做命运的朋友的人才是把握自我的人。把命运当作朋友的人，走运时他学会感恩，倒运时他又学会了调侃，他既不低估命运的力量，也不高估命运的价值。

做命运的朋友，你会得到许多启示与感悟。

陆幼青，男，37岁，原上海浦东房地产销售中心副总经理。1995年因患癌症，胃部被切除五分之一，随之病情继续恶化。2000年12月11日早上6点30分，在其《死亡日记》出版第49天，这位和死神搏斗了100天的硬汉静静地去了。"榕树下""网同纪念"等若干网站联合在互联网开设陆幼青"网上灵堂"，为其举行了"网葬"。有人把《死亡日记》与二战时期的《安妮的日记》并称，认为它真实记录了一个特定年代的社会景象，陆幼青的名字同《死亡日记》被记录下来，他的生命也因这样一个结尾而绚丽流芳。

　　狂妄的人自称为命运的主人，谦虚的人甘为命运的奴隶，怎样才能做命运的朋友？命运是看不见，摸不着的，你不必仰头瞻望，也不必俯身寻找，他就在你身边，在你身体里，在你心灵里。乐观地对待他，使心灵接受一次次洗礼，你就是命运的朋友。

　　生：从题目看这是一篇议论文，论题就是文章的论点：做命运的朋友。文章首尾照应，深化主题，我觉得挺好的。

　　生：有论点，有论据，且开门见山，直接点题，作者的态度非常鲜明。

　　生：文章第二段的过渡也很自然。

　　师：看来同学们对议论文的基本结构还是非常熟悉的。请同学们围绕"喧宾夺主"这个成语的意思来思考这段议论文，何为"宾"，何为"主"，怎样"喧宾夺主"了？

　　生：议论文中议论是可以比作是"主"人，什么是"宾"，我不太清楚。

　　师：同学们看看这一短文除了议论之外，还有什么表达方式吗？

　　生：老师，我明白了。就是议论文中的记叙部分是"宾"，议论部分是"主"，议论文中的记叙不能抢占议论的地位。

　　师：（笑笑）你的领悟力很强，就是这个意思。下面请同学们思考片刻，分析这段议论文是如何"喧宾夺主"的？

　　生：第三段是用陆幼青的事例来证明"做命运的朋友"这个论点，但记叙得太细，比如"陆幼青，男，37岁，原上海浦东房地产销售中心副总经理"这些表述像是在开身份证明，不是议论文的语言。

　　师：对。在议论文写作时，我们需要通过举例论证的方法来说理，从而使说理更透彻。但同学们在叙述事例时，常常会出现"喧宾夺主"的情形，即把作为论据的事实叙述得过于生动和详细。文章一头一尾议论，中间的事例就采用记叙的方式，这样导致以叙代议，文体不清，写出来的文章既不是议论文也不是记叙文。议论文中的记叙语言要求高度概括。因此，叙述事实论据必须精练、准确。

　　板书：以叙代议　文体不清

### 三、明确方法

师：那么该如何写好议论文中的记叙，以避免"喧宾夺主"呢？这是本节课的主要内容，请齐读学习目标。

PPT 展示：

### 学习目标

1. 了解议论文中的记叙和记叙文中的记叙的不同。

2. 学会分析论点要素，能根据论点对素材恰当地进行定向转述。

3. 根据材料及论点整合论据。

师：下面请同学齐读下列两则材料，对比分析它们的异同。

PPT 展示：

材料一：5 月 29 日，杭州长途客运二公司快客司机吴斌驾驶大客车从无锡返回杭州。大客车在高速公路上正常行驶途中，一块铁块从空中飞落击碎车辆前挡风玻璃后砸中吴斌的腹部和手臂，导致其三根肋骨被撞断，肝脏被击碎，正值危急关头，吴斌强忍剧痛，镇定地完成挂挡、刹车等一系列安全操作，将车缓缓靠边停好，开启双闪，打开车门，安全疏散旅客，确保了大客车上 24 名旅客安然无恙，而他自己却因伤势过重去世。

——新浪网新闻报道《客车司机忍痛救下全车乘客》

材料二：在关键时刻，吴斌首先选择的是确保车上 24 名乘客的安全，在那一刻，客运司机的职责就是保证乘客安全，这一职业理念已经渗入到他的骨血，坚强司机吴斌用自己的生命完成了这一职责，体现了一名专业驾驶员的素养。

——浙江经视《经视新闻》评论

生：两则材料都是关于最美司机吴斌的新闻报道，不同的是，第一则是记叙，第二则是议论。

师：也就是说，两则材料的主要内容相同，体裁上都是新闻，但表达方式不同。对于同一件事，记叙与议论各有所侧重，记叙侧重于对整个事件过程进行更为详细的描述，而议论侧重于对此事件发表评论，不关注事件的过程。那么记叙文是如何详细地描述，请同学们就材料一进行分析。

生：对事件的起因、经过、结果做了非常清晰的讲述，描写生动、详细，如通过细节描写，将吴斌受伤后如何安全停车的情形展现在读者面前，从而让读者看到一个恪尽职守的最美司机。而评论文章则重在评价吴斌高尚的职业操守。

师：请注意《经视新闻》的评论文章全都是议论吗？

生：以议论为主，也有记叙。

师：哪一句是对此事的记叙？

生："在关键时刻，吴斌首先选择的是确保车上24名乘客的安全"这一句是叙。

师：同学们比较两篇文章中的记叙的不同之处。

生：《经视新闻》中的记叙简洁，而新浪新闻中的记叙详细、生动。

师：刚才你用"简洁"一词评价《经视新闻》的记叙特点，不够准确，这样说的话，让人误以为新浪新闻的报道文字不简洁、啰唆，而且《经视新闻》的这种写法不是为了所谓的"简洁"而"简洁"的，换一个词来表达。

生：概括。

师：对，就是这个词，也是这个意思。《经视新闻》中的记叙是概括的，新浪新闻中的记叙是详细生动的，为什么呢？

生：我想是因为两者的体裁不同的原因吧。

师：所以请你总结一下这个原因。

生：议论文中的记叙要概括，记叙文中的记叙则要生动、详细。

师：老师将《经视新闻》的这句话"在关键时刻，吴斌首先选择的是确保车上24名乘客的安全"，改写成这样"在关键时刻，吴斌强忍剧痛，镇定地完成挂挡、刹车等一系列安全操作，最后因伤势过重去世"行吗？

生：不太好，这段叙述重在强调吴斌因伤势过重而去世，并不能很好地体现吴斌用自己的生命保证乘客安全的职业素养这一论点。

师：对。叙述是为了论证，证明论点才是其真正目的，所以记叙要依据论点做定向记叙。

PPT 展示：

议论文中的记叙的特点：篇幅小、概括性强，侧重一点，为定向议论服务。

师：那么如何才能更好地写好议论中的记叙，做到篇幅小，概括性强，侧重一点，为定向议论服务？我们可以分三步进行。

### 四、分步解析

师：《愚公移山》这篇初中课文大家都非常熟悉，那么我们如何将这篇课文作为论据，来论证论点"信心是成功的前提"呢？

PPT 展示：

太行、王屋二山，方七百里，高万仞，本在冀州之南，河阳之北。

北山愚公者，年且九十，面山而居。惩山北之塞，出入之迂也，聚室而谋曰："吾与汝毕力平险，指通豫南，达于汉阴，可乎？"杂然相许。其妻献疑曰："以君之力，曾不能损魁父之丘，如太行、王屋何？且焉置土石？"杂曰："投诸渤海之尾，隐土之北。"遂率子孙荷担者三夫，叩石垦壤，箕畚运于渤海之尾。邻人京城氏之孀妻有遗男，始龀，跳往助之。寒暑易节，始一返焉。

河曲智叟笑而止之曰："甚矣，汝之不惠！以残年余力，曾不能毁山之一毛，其如土石何？"北山愚公长息曰："汝心之固，固不可彻，曾不若孀妻弱子。虽我之死，有子存焉；子又生孙，孙又生子；子又有子，子又有孙；子子孙孙无穷匮也，而山不加增，何苦而不平？"河曲智叟亡以应。

操蛇之神闻之，惧其不已也，告之于帝。帝感其诚，命夸娥氏二子负二山，一厝朔东，一厝雍南。自此，冀之南，汉之阴，无陇断焉。(385 个字)

PPT 展示：

第一步：分析论点（"信心是成功的前提"），明白旨意，确定组成要素。

师：第一步重在分析论点的限定要素。"信心是成功的前提"的组成要素有"信心""成功"。

生：老师，"前提"也是论点的组成要素吧？

师：这个问题问得好，哪位同学来解答？

生：论点中的前提就是信心。

师：对。但论点中还隐含着一个要素。

（生茫然）

师：愚公移山为什么要有信心呢？

生：因为困难大。

师：还隐含的要素就是困难。所以该论点的组成要素是：困难、信心、成功。

PPT 展示：

第二步：分析材料，回答要素，落实论据内容。

师：愚公移山的"困难""信心""成功"在材料中是如何体现的，请同学们在材料中落实论据内容。

生："困难"是"太行、王屋二山，方七百里，高万仞""惩山北之塞，出入之迂也""北山愚公者，年且九十"。

生："信心"是"吾与汝毕力平险""子子孙孙无穷匮也，而山不加增"。

生："成功"体现在"帝感其诚……无陇断焉"。

师：论点中的要素同学们在材料中都一一找到对应内容，但这些还不能作为为我们所用的论据，还要进行改造，用概括的语言将其转述成论据。齐读。

PPT 展示：

第三步：根据要素内容，改造论据，为我所用。

示例展示：

当面对横挡在家门口的两座万仞山时，众多的村民抱怨、沮丧，但年且九十的愚公却信心满满，坚信自己以及子孙万代不懈辛劳后定会铲平大山。因为信心，愚公有了每日坚持不懈、搬石挖山的动力；因为信心，愚公成功地感动天帝，最终移山成功。（110 个字）

师：在前两步的分析之后，第三步对论据的改造、概述至关重要。文段中"面对横挡在家门口的两座万仞山，众多的村民抱怨、沮丧"是"困难"，"年且九十的愚公却信心满满，坚信自己以及子孙万代不懈辛劳后定会铲平大山"是"信心"，"感动天帝，最终移山成功"是"成功"，论据包含了论点中的三个要素。

师：下面同学们再以《愚公移山》为材料，根据论点"要敢于战胜困难"进行转述论据练习。

投屏展示学生答案：

愚公是位年近九十的老翁，他要铲平"高万仞"的太行、王屋二山，这谈何容易！但他不惧怕困难，知难而进，凭着敢于战胜一切困难的意志，带领子孙挖山不止，终于开辟了一条坦途。（82个字）

师：请你对论点和你的答案做一下分析。

生：论点的要素是困难、敢于、战胜。"愚公是位年近九十的老翁，他要铲平'高万仞'的太行、王屋二山，这谈何容易"是"困难"，"但他不惧怕困难，知难而进，凭着敢于战胜一切困难的意志"是"敢于"，"带领子孙挖山不止，终于开辟了一条坦途"是"战胜"。

师：论据充分体现了敢于战胜困难，且还用了感叹句式来抒发感情。接下来的练习，我们增加一点难度，对课外的材料进行转述论据练习。

PPT展示：

根据论点"高尚精神产生无穷力量"的需要，找准所供论据素材中的关键内容，在叙述论据过程中对其展开"定向叙述"，以提高说服力。

### 论题：高尚精神产生无穷力量

素材：近代科学先驱、著名工程师詹天佑，在国内一无资本、二无技术、三无人才的艰难局面面前，满怀爱国热情，受命修建京张铁路，他以忘我的吃苦精神，走遍北京至张家口之间的山山岭岭，只用了500万元、4年时间就修成了外国人计划需用900万元、需时7年才能修完的京张铁路。前来参观的外国专家无不震惊和赞叹。当时，美国有所大学为表彰詹天佑的成就，决定授予他博士学位，并请他参加仪式。可是詹天佑正担负着另一条铁路的设计任务，因而毅然谢绝了邀请。他这种为国家不为个人功名的精神，

赢得了国内外的称赞。（233 个字）

投屏展示学生课堂练习：

近代铁路工程师詹天佑，在国内一无资本、二无技术、三无人才的艰难局面面前，不为个人功名，满怀爱国热情，受命修建京张铁路。他以忘我的吃苦精神，走遍了北京至张家口之间的山山岭岭，只用了 500 万元、4 年时间就修成了外国人计划用 900 万元、需耗时 7 年才能修完的京张铁路，赢得了国内外的称赞。（135 个字）

生：论点中的要素有困难、高尚精神、无穷力量。"在国内一无资本、二无技术、三无人才的艰难局面面前"是困难，"不为个人功名，满怀爱国热情，受命修建京张铁路。他以忘我的吃苦精神"体现詹天佑的高尚精神，"走遍了北京至张家口之间的山山岭岭，只用了 500 万元、4 年时间就修成了外国人计划用 900 万元、需耗时 7 年才能修完的京张铁路，赢得了国内外的称赞"是无穷力量。

师：论点中的要素都在材料中找到了相应的论据，改造后的论据概括性强，定向论述使论证充分。

师：最后，请同学们运用今天所学的定向转述论据的方法，对病文《做命运的朋友》进行修改，使议论文中的记叙部分与上下文衔接。

学生修改病文展示：

37 岁的陆幼青正值壮年，且事业有成却罹患绝症，但他没有悲观失望，没有怨天尤人，更没有坐以待毙，而是握住命运的手，在笑迎这位远道而来的朋友时，写下对生命的礼赞，他的生命也因此而绚丽流芳。

PPT 展示：

方法总结

1. 与论点无关的材料坚决舍弃。

2. 能证明观点处清楚交代。

3. 选择恰当角度转述有关事例。

4. 叙述的材料与观点要保持一致，为议论提供必要的话题。

**备教感悟：**

本节课的教学重点是根据论点，通过"三步转述法"对素材做定向转述，从而让学生掌握议论中记叙的写作方法。

"议论中的记叙"是议论文写作教学中的重点内容之一。小学、初中到高一的学生写得较多的文体是记叙文，也学过一些议论文，对议论与记叙两种表达方式有所了解，这为本节课的学习积累了一些知识。但也因为之前写作记叙文较多，所以在议论文的写作中常出现以叙代议、文体不清的现象，针对这一点，我将本课教学目标设置为如何写好议论中的记叙。

每当教师向学生传授新知识时，自然要考虑学生在学习新知识时的原有基础、现有困难及某些心理特征，从而制订出有效的教学计划，采用有效的教学方法。学生由于长期写记叙文，在议论文的写作中，叙议不分是其中一个非常突出的、亟待解决的问题，教学上教师要将重难点步步分解，以确保学生易于学习，一课一得。

在教学中，我选择了学生很熟悉的初中课文《愚公移山》作为素材来分步讲解"三步转述法"。通过分步解析，学生很快就在文中落实论点"信心是成功的前提"所需要的论据，教学效果良好，只有少部分基础稍差的学生由于组织语言的能力较弱，在第三步"根据要素内容，改造论据，为我所用"时，形成的论据表述比较枯燥，这也是在以后的教学过程中要注意的。虽然通过"三步转述法"转述了材料，但在表述上仍要表达出评论者的情感，是褒是贬，是弘扬还是批评，这样写出的论据才是有生命的。

为了讲清什么是"定向转述"，我又用《愚公移山》为素材，让学生改造成能证明"要敢于战胜困难"的论据。果然有一部分学生对于"定向转述"认识不清，根据这个论点改造的论据与上一个论点"信心是成功的前提"改造的论据基本一致，其实两个论点的侧重点不同，一个侧重"信心"，一个侧重"敢于"，通过对比教学，这个知识点得到了加强与巩固。

在本节课引用的素材中，有文言文、有现代文，两者相比，学生对现代文进行论据改造掌握得要好得多，对文言文作为素材进行论据改造表述上就差一些。究其原因，一是学生对文言文的文意掌握得不够好，二是将文言文转化成现代文时，学生的语言不够丰富。初、高中课本中有许多古诗文都要求背诵，这其实是非常好的作文素材，所以今后的教学中要加强对学生学习文言文的指导，加大对以文言文作为素材论据的训练。

本节课用平时学生习作中出现的问题导入，针对性强，教学目标明确，且从一个角度进行作文教学，大大降低了难度，学生们害怕写作文的心里没有了，教学环节上注意梯度，在分步教学中讲解知识点，在对比分析中总结知识点，在当堂训练中巩固知识点，所以本节课的作文教学收到了较好的效果，完成了既定的教学目标。

# 善于思辨　学习辩证分析

**学情分析：** 学生思维片面，缺乏思辨意识，作文立意欠深刻。

**学习目标：** 培养严密思维能力和提高作文说理能力，能够运用辩证的方法分析问题。

**学习重难点：**

1. 引导学生树立思辨意识。

2. 把思辨意识运用于作文立意，使之深刻。

**一、新课导入**

师：一些经典语录对我们的人生有着极为重要的指导意义，今天，老师选了几条，请大家齐读一下。

PPT 展示：

> 1. 近朱者赤，近墨者黑。
> 2. 玩物丧志。
> 3. 坚持就是胜利。

师：同学们想想看，哪一条你最认同或是最能够引发你的感想，请谈谈自己的看法。

生：我说第一条。孟母为了给孟子寻找一个良好的学习和生活环境，举家迁徙，前后三次，为孟子成为一代大儒奠定了良好的基础。

生：唐玄宗即位之初，亲贤远佞，重用姚崇、张九龄等忠臣，最终成就

"开元盛世";而后来他宠信杨国忠、李林甫等喜于奉迎之人,终日与之为伍,最终酿就"安史之乱",泱泱大唐由盛而衰。

生:我的学习成绩不是很好,我就希望能和一个学习成绩比我好的同学成为同桌;上小学、上中学,甚至上大学,如有可能,大家都会选择教学水平高、师资雄厚的学校,就是想通过好的同学、好的学校、好的环境修炼出更好的自己。

师:同学们从历史人物、当代人物和自身出发谈对"近朱者赤,近墨者黑"的看法,都持赞同意见。

生:我谈第二条。历史是一面镜子,后主刘禅乐不思蜀,庄宗李存勖、唐玄宗沉迷于享乐,最终丧国。欧阳修在《伶官传序》得出的结论是:"忧劳可以兴国,逸豫可以亡身""智勇多困于所溺"。可见"玩物"的危害实在不小。

生:我们有些同学沉迷于上网、电子游戏,成绩下降,上课没精打采,整天昏昏欲睡的样子。

生:滴水穿石、绳锯木断、铁杵磨成针,都在告诉我们一个道理"坚持就是胜利";反之浅尝辄止,"三天打渔,两天晒网",是不可能取得成绩的。所谓"功到自然成",还没有成功说明坚持还不够。马云说过:"今天很痛苦,明天更痛苦,后天很幸福,可很多人却死在明天晚上。"这充分说明坚持的重要性,坚持就是胜利!


## 二、如何换个角度思考问题

师:同学们深知读书学习的重要性,都不自觉地与学习相联系起来。对于以上三个论题,同学谈了自己的看法。下面请同学们读这首诗,对我们全面地思考问题会有一些启发。

PPT 展示:

沙

世上,好像——

只有沙子最不值钱,

然而最宝贵的东西——金

就在它的里面。

师：针对上面这段话，同学们谈谈自己的看法。

生：沙既有平凡的一面，也有伟大的一面。

生：沙既有普通的一面，也有尊贵的一面。

生：我发现这首诗将"平凡"与"伟大"、"普通"与"尊贵"和谐地统一在"沙"这一事物中。

生：是你发现的吗？你拣刚才同学所说的。

生：我是做了总结性发言嘛，读书就要善于总结啊！

（生笑）

师："和谐"这个词用得很好。同学们都发现了"沙"既有对立又有统一的一面，一个事物呈现出截然不同的两面，对此同学们有什么更深入一些的思考吗？

生：要辩证、全面地看待事物，既要看到缺点，也要看到优点。

师：你知道这种认识事物的方法叫什么吗？辩证法。今天我们就一起来学一点辩证法，辩证法能使我们全面地、一分为二地看问题，学会具体问题具体分析，才能得出正确的结论，而不至于说过头的话，不至于偏执一词。

**三、仿写中学会辩证思维**

师：下面请同学们仿造描述"沙"的这段文字，自选一个对象，也从两面来进行描述。

生：雪/你晶莹剔透，高洁无瑕，是水之精灵，天之馈赠。

你不分青红皂白，粉饰太平，掩盖罪恶。

生：黄牛/埋头苦干，获得了丰收，赢得了尊重。

总是逆来顺受，最终要生活在皮鞭之下。

生：流星/在生命的最后一刻，仍是闪闪发光。

偏离了正确的轨道，必然坠入黑暗的深渊。

生：月亮/漆黑的夜晚，是你送来了光明。

借助太阳的光辉来炫耀自己。

生：气球/总在不断地充实自己。

不断膨胀的欲望最终断送了生命。

师：同学们看到了同一事物的正反两面，这就是在用辩证的眼光思考问题。事物都是一分为二的，既有正面，又有反面；既有主流，又有支流；既有成绩，又有问题；既有长处，又有短处。不可抓住一点，不及其余，只见树木，不见森林。要全面地、客观地看问题，避免片面性，避免走极端，这就需要同学们善于思辨，学习辩证分析。

PPT 展示：

他占有，挑选。看见鱼翅，并不就抛在路上以显其"平民化"，只要有养料，也和朋友们像萝卜白菜一样的吃掉，只不用它来宴大宾；看见鸦片，也不当众摔在茅厕里，以见其彻底革命，只送到药房里去，以供治病之用，却不弄"出售存膏，售完即止"的玄虚。只有烟枪和烟灯，虽然形式和印度、波斯、阿剌伯的烟具都不同，确可以算是一种国粹，倘使背着周游世界，一定会有人看，但我想，除了送一点进博物馆之外，其余的是大可以毁掉的了。还有一群姨太太，也大可以请她们各自走散为是，要不然，"拿来主义"怕未免有些危机。

师：这段文字是鲁迅先生论述如何对待"文化遗产"的具体做法，请同学们从辩证的角度分析作者的观点。

生：鲁迅先生主张对文化遗产的态度应该是既"占有"，继承好的；又"挑选"，剔除坏的。

生：不是盲目地全盘否定，也不是不假思索地全盘吸收，而是要取其精华，弃其糟粕。

师：为什么要采取这样的方法呢？

生：鲁迅先生对待文化遗产采用一分为二的方式，既看到了文化遗产中的优秀文化，又指出了其中的文化糟粕，然后具体对待文化遗产中的不同部分，没有说过头的话。

生：对于像鸦片一样的文化，作者同样没有一棍子打死，他既看到其中有利的一面也看到有害的一面，采取的做法是送到药房里充分利用其优点，治病救人；而不是因其有害而当众扔在茅厕里，提出只要不再出售害人就行。

师：所以说，全面地、一分为二地看问题，就是要求我们客观地看待事物，作者将传统文化分成鱼翅一类、鸦片一类，从不同侧面、不同角度来看事物。

师：学会了一分为二地辩证看问题的方法，下面同学们再用这个方法就刚才的几句话做出辩证分析。

生：我想谈对"近朱者赤"这句话的看法。后主刘禅屡屡将相父诸葛亮的忠言当儿戏，《出师表》亦空留余恨，刘禅沦为阶下囚仍乐不思蜀。

生：我说"近墨者黑"。在半殖民地半封建社会的中国，鲁迅先生非但没有因为黑暗而消沉，反而以笔为枪，向那个黑暗世界开火。他对那种"浓黑的悲凉"是深深体味过的，可以说是"近墨"，甚至就在"墨"中，但他不但不黑，还像"出淤泥而不染"的荷花那样高洁。

师：那"近朱者赤，近墨者黑"这句话在辩证思维上犯了什么错呢？

生：没有全面地看待事物，说了过头的话。

生："近朱者赤，近墨者黑"这句话是有一定道理的，环境对人的影响不可忽视，但这句话又过分强调环境的作用，而忽视了人的主观因素。

师：辩证唯物主义教导我们，应当全面地、联系地、发展地看问题，而不能片面地、孤立地、静止地看问题。

生：有句话叫"先生领进门，修行在个人"，内因是人改变的主要原因，环境是外因，是事物发展的充分而不是必要条件。

师：你的辩证法学得很好呢！

生：老师，您犯了以偏概全的错误了，我只是对这句话有感而发而已，从辩证法来讲，您说了过头的话。（同学们笑）

师：好，学以致用，孺子可教。（老师笑）

生：我想说第二条。"玩物"是否"丧志"，首先要看"玩物者"的自制力和目的，其次要看玩的是什么，并不是玩任何物都会"丧志"，有些

"玩"甚至还可以"得志"。例如，丁俊晖玩斯诺克玩出了"世界"水平；比尔·盖茨从小沉迷电脑，最后连大学也没有毕业就退学了，继续玩电脑，最后成就了微软。

生：玩什么，怎么玩，这些都是应该注意的。玩电游，玩足球，看小说等，都应有度，明白玩物的目的和将来的发展前景，并对自己有一个长远的规划，光凭一时喜好，沉迷其中是不可取的。

师：可见要辩证地看待事物，话不能说死，说过头话是不科学的。大家运用辩证分析的方法，对原句稍加改动，使它们变成经得起推敲的真正"经典"语录。

生：第一句我修改为"近朱者未必赤，近墨者未必墨"。

生：第二句我修改为"玩某些物可能丧志"。

生：第二句我修改为"适当玩物可娱志"。

生：玩物未必就丧志。

师：用"未必"这个词来改造原句，看问题就客观多了。下面辩证分析第三个观点。

生：我觉得坚持不一定就是胜利，如果方向错了，越坚持就越与成功背道而驰。如果主动放弃不现实的或错误的目标，另辟蹊径，可能还会柳暗花明，从这个角度讲，放弃并不等于失败，反而更加有利于成功。比如让兔子学游泳，就是一个错误的决定，无论兔子如何努力，它永远赢不了青蛙，但如果让兔子学习短跑，发挥它的特长，加上坚持，一定能取得成功。

师：由同学们的修改结果我们是不是可以得出这样的结论：采用"未必""适当""不一定""某些"等词语来换个说法、限定对象、划个范围等方法，往往可以使得我们的分析一分为二、客观准确、讲求思辨。

PPT 展示：

（长沙高三模拟）材料一：一年多来，西方国家有一位少女爆红。她在社交平台上已经拥有超过 400 万粉丝，很多人视她为偶像、环保斗士。她在联合国气候变化大会上侃侃而谈，面斥各国领导人。她虽然才有十几岁，却已经登上了《时代》杂志的封面，更入选《时代》周刊"影响世界的一百位名人"。她就是瑞典少女格蕾塔·通贝里。

材料二：2019 年 9 月 27 日，浙江小伙沈钧亮代表"蚂蚁森林"公益项目到联合国总部领取联合国最高环保荣誉"地球卫士奖"。"蚂蚁森林"通过日常绿色出行、在线支付水电费等低碳行动积攒"绿色能量"带动 5 亿人参与低碳生活，并将积累的"绿色能量"转化为种植在荒漠化地区的 1.22 亿棵真树，其中超 4 成"能量"由"95 后"贡献。

以上两则新闻事件在励志中学掀起热议。有同学钦佩瑞典少女的敢于呐喊，有的同学则不以为然，认为中国青年默默地为地球种树更有价值。为此励志中学团委举办了一次辩论赛，正方是"呐喊比行动更重要"，反方是"行动比呐喊更重要"。请你选择其中一方写一篇辩论词，为自己的观点进行辩护，并驳斥对方的观点。


## 质胜于华，行胜于言

各位评委老师，同学们：

大家好。我方观点是"行动比呐喊更重要"。行动与呐喊，二者孰轻孰重，其实先贤孔子早有定论。他说："吾始于人也，听其言而信其行，今吾于人也，听其言而观其行。"对个体的判断如果是基于其言论，显然并不具备说服力，更重要的还是观察他的行为。显然，行为比言论更让人信赖，自然也就更为人们所重视了。

对方辩友认为"呐喊比行动更重要"，无非就是认为像瑞典少女格蕾塔·通贝里一样面向公众摇旗呐喊，就可以唤醒更多的人关注环保。是的，如果是这样的话，这位瑞典少女已经做到了，她在社交平台上已经拥有超过 400 万粉丝，成为很多青年的偶像。但我想请问对方辩友，这就够了嘛？时至今日，全球气候变暖，生态危机频发，极端恶劣天气不断，这些情况我们只需要在网上查一查就能知道，真的是一个十几岁的青少年在全球各地大声疾呼，来传播人尽皆知的事实就能解决问题的吗？

这个世界上缺少的从来就不是敢于发声的人，而是能够沉下心来用行动践行理念的人。正如我们都知道现在的环境状况堪忧，也都知道环保的重要性，但结果呢？我们的环境质量因此好转了吗？并没有！因为我们很多人知道，却没有去做！

全球有 70 多亿人，而像浙江小伙沈钧亮所代表的"蚂蚁森林"用户那样，默默无闻从一点一滴的小事做起，用行动来为环保尽一份力的人相对还是较少的。太缺少行动才是环保问题始终得不到解决的根源。如果我们每个人都能够践行环保理念，而不是空谈大道理，那么全球 70 多亿人共同努力，终将集腋成裘、积少成多，将我们的地球建设得更加美好。

对环保而言，理念如果没有行动作为支撑，将毫无意义；呐喊如果不付出自身的行动，只能算是"环保表演艺术"。瑞典少女格蕾塔·通贝里的全球呐喊，很容易让人联想到美国前副总统戈尔。他是一位国际著名的环境学家，在白宫任职期间积极推动了克林顿签署《京都协议书》，参与制作和出演纪录片《难以忽略的真相》，在纪录片中，他号召全人类节约用电，减少碳排放量，拯救地球。然而呐喊背后是他生活中的奢侈浪费。美国国家政策研究中心公开资料显示：这位著名环保主义者的个人住宅，一年的用电量是美国普通家庭平均用电量的 21 倍。如此呐喊如何比得上一丝一毫的行动！

行动重于呐喊，对于环保，我们最需要的不是别人告诉我们"你应该如何做"，而是每个人都能站出来，以实际行动维护我们共同的生存家园！

谢谢大家！


师：同学们点评一下这篇作文。

生：观点鲜明，主张行动胜于语言。

生：首先就对方的观点进行批驳，然后再提出自己的观点，水到渠成。

师：这叫先破后立的论证方法。

生：论据充分，文采斐然。

师：这篇文章从某个方面来说，的确是很有力的一篇驳论文。但请同学们认真审题，就会发现，这篇作文有一个小瑕疵。

生：反方的观点是"行动比呐喊更重要"，这篇文章没有论证出"更重要"，作者论证的是"行动比呐喊重要"。

师：小作者审题不够仔细，也缺乏辩证思维。

生：应该是"行动重要，呐喊也重要"。

师：对。议论的重心在行动的重要性上，但不能忽视论证呐喊的作用。

## 五、拓展提升

PPT 展示：

用辩证分析的方法思考下面材料，写一篇作文。

以前，篾匠编织花篮时，竹片需要破很多次才能破成很细的竹棍，篾匠一直破，最后把竹片破成需要的样子。这种精致的竹器，需要很多细小的竹棍，而每一根都不能马虎制作，否则就破坏了整体效果。在编织时，篾匠的心中装着多种形状，如何起底子，何时收口，都心中有数。如今，超市里售卖的花篮等竹器都是机器生产的，虽然便宜但总会让人觉得，没有经过篾匠一刀刀破竹，一根一根刮去毛刺，也就缺少某种人文温情。造型奇特、凝聚着篾匠独特审美的花篮之类的工艺品恐怕还得靠篾匠手工制作。

读了上面的材料，对于花篮的制作你有怎样的感触与思考？请结合材料进行立意，自选角度，明确文体，自拟标题，不要套作，不得抄袭，不少于800 字。

佳作展示：

### 传统与科技齐飞

习总书记曾说："我们既要继承中华民族的优良传统，又要推陈出新。"在篾匠玲珑剔透的心思和翻飞的双手下，一个个各具特色的花篮惊艳了世人的眼。而机器时代的工艺品虽不及传统手工艺品的独具匠心，但胜在批量化生产，价格便宜，也颇受人们青睐。故可让传统工艺与科技制造双双齐飞！

五千年的文明，五千年的传统技艺源远流长，六必居的酱菜，全聚德的烤鸭，老干妈的辣椒……密传的手艺代代相传，国人吃的不仅是味道，还是乡情，还是文化！泥人张的传奇，焦糖王的精彩，铁匠李的绝活，木工王的风采，裁缝宋的细腻……现在只要烙上纯手工制作的印迹，莫不令人心驰神往，只因其中蕴含着匠人的温情。

　　《我在故宫修文物》《舌尖上的中国》等体现传统文化、传统技艺的专题片收视率居高不下，可见人们对传统的热爱与坚守，加上政府的大力支持，一些传统技艺又迎来了"第二春"！那久违的、各具风韵的饱含乡音的叫卖声，又在大街小巷中回响；各色传统吃食留在西装革履的唇齿间，各色传统手工艺品缭绕在纤腰明眸的手腕上。

　　"历史和大江大河直流向前，虽有些回浪，但始终奔涌向前，川流不息。"这是习总书记在我国第二届科技博览会上所说。科技就是时代进步的催化剂、发动机！

　　现代科技的发展超乎人们的想象。谁知道十万八千里仅仅需要十几个小时的飞行呢？谁知道在现代买卖商品可以不用现金支付，可以毫不夸张地说，手持一部手机就可以纵横天下！谁又曾想到，只有世界7%的耕地面积的中国，却养活了22%的世界人口呢？这些都显示了科技的力量。科技，改变生活；科技，解放人类；科技，一日千里。在此情形下，传统手工艺行业也受到冲击，相对价格不菲的手工艺品，不少人选择了机器制品，虽少了一份温情，心理上却得到了些许弥补。

　　君不见，佛家既可以在青灯下参悟佛法，也可以通过互联网宣扬佛法，可见，传统与科技并不是相互对立的，它们可以完美地整合于我们的生活中，比如上海世博会上，中国馆内用高科技投影技术制作的《清明上河图》，日本馆内会用小提琴拉《茉莉花》的智能机器人等，都是传统与现代科技完美结合的展现。

　　一边可以是高楼大厦，一边可以是古刹民居；广场上，这里是太极健身爱好者，那边是韵律强劲的健美操；身上既有母亲一针一线缝制的小袄，也有机器制造的羽绒大衣……传统与科技，让生活有滋有味！

　　我们都是追梦人！该怎么追？既不能以传统文化的消亡为代价来推进现代科技的发展，也不能无视现代科技的发展对传统文化的冲击，唯有坚持两者齐飞，整个人类的发展才能有更加灿烂的未来！

**备教感悟：**

"思维的发展与提升"已经成为语文核心素养的重要组成部分，如何从思维层面进行议论文的写作指导，培养学生的辩证思维，提升学生的思维品质，培养理性、公正的现代公民素养具有重大意义。荣维东教授曾说："当今是一个信息时代，逻辑思辨力和批判性思维能力是我国国民严重匮乏而又急需具备的核心素质。不善于思辨的人要么容易成为顺民，要么容易沦为暴民，而不是当今时代所需要的理性、慎思、明辨、笃行的高素质公民。"

写作教学自然不能脱离写作知识，但写作教学又不能一味地和学生讲述写作知识。如果这节课直接和学生讲解什么是辩证分析，如何进行辩证分析，再如何全面地看问题，如何发展地看问题，如何换个角度看问题，如何具体问题具体分析等理论知识，就成了讲知识，这样的作文课就是死的作文课，就是没有写作的作文课。学习写作理论当然是必要的，但对象不是学生，而是教师，教师深入地进行理论学习后，将理论化为具体生动的教学环节，且每个环节可操作性强，才能调动高中学生的写作兴趣。理想的做法是将写作知识巧妙地渗透到教学活动中，用活动推进教学的过程，在活动中提升学生的写作质量。例如，本节课将辩证的知识融入三个小活动中。第一个活动是谈谈对经典名句的理解，第二个活动是朗读《沙》这首小诗，谈谈诗人对沙的看法，第三个活动是任选一个对象从正反两个方面进行描述。让学生在具体生动的教学活动中领悟什么是辩证思维。学生是鲜活的，教学也应该是鲜活的。只有做到以认真研究本班学生的议论文写作为前提，从学生的具体问题出发，引导他们"经营"好自己的写作，教师才能"经营"好自己的课堂。

# 03

| 高考复习教学 |

# 配角也精彩

## ——小说中次要人物的作用

**学习目标：**

1. 辨识小说中的次要人物形象。

2. 总结小说中次要人物的作用。

3. 学会次要人物作用题的答题方法。

**学习重点：** 分析小说次要人物的作用。

**学习难点：** 次要人物作用题的答题方法。

## 一、课前三分钟

PPT 展示：

### 时事点评

近期央视新闻报道了偶像艺人王×吸烟事件，有人认为，在公共环境抽烟是不尊重他人的行为，理当严惩；有人持"成年人抽烟不应大惊小怪"的观点，事后王×表态："我一定会以此为鉴，成为更好的人。"对此事件，你怎么看？

【资料】王×："联合国儿童基金会青年教育使者""2017 年 30 位最有影响力的青少年"。

生：法律法规是悬在每个人头上的达摩克利斯之剑，它是公平与文明最冷静和称职的守护神，不因谁而改变，所以，我认为王×应受惩罚。

生：人谁无过，过而能改，善莫大焉。王×还只是十八岁青年，人生刚刚起步，我们不能因为他是公众人物就严惩他，宽容体现一个社会的文明与进步。

生：希望王×的道歉是真诚的，这一次错也为他敲响了警钟。不要透支社会的宽容。

生："欲戴其冠，必承其重""德不优者，不能怀远"，由此我想到重庆公交车上的女乘客就因为一己之私而断送许多无辜者的生命。

生：不必说得这么严重吧！有些道德绑架的意味。我也是王×的粉丝，但他抽烟，我就不抽，我们也是有判断力和辨别力的。

生（课代表）：今天的发言非常踊跃。总之，希望王×成为一名优质偶像。有的错可以原谅，但有的错一旦酿成，就造成千古恨。青年的我们应以此为鉴，慎行！

### 二、新课导入

师：宽容体现了同学们的善良，严惩体现了同学们对法律法规的敬畏。我们都是自己生活里的主角，也是别人生活中的配角，但无论主角还是配角，都需要我们认真出演。下面我们开始今天的课程，"温故知新——重温经典新发现"，同学们先看一张表，你有什么发现？

PPT 展示：

| 第一组 | 第二组 | 篇　目 |
| （　）人物 | （　）人物 | |
| --- | --- | --- |
| 林冲 | 陆谦、富安、差拨、李小二夫妇 | 《林教头风雪山神庙》 |
| 祥林嫂 | "我"、鲁四爷、柳妈等鲁镇的人 | 《祝福》 |
| 别里科夫 | 柯瓦连科、华连卡 | 《装在套子里的人》 |
| 翠　翠 | 爷爷、傩送、天宝、杨马兵、顺顺等边城人 | 《边城》 |
| 孔乙己 | "我"、短衣帮 | 《孔乙己》 |
| 于　勒 | "我"、菲力普的两个女儿和女婿 | 《我的叔叔于勒》 |
| 范　进 | 胡屠户、张乡绅 | 《范进中举》 |

师：表中所选篇目都是同学们学过的。第一组中的人物和第二组中的人物在小说中分量是不一样的。请问他们在小说中分别处于什么地位？

生：第一组是小说中的主要人物，第二组是小说中的次要人物。

师：同学们是怎么来区分主要人物与次要人物的？

生：就是刚才老师说的，根据人物在小说中的分量决定，主要人物分量重，着墨多。如《边城》中的翠翠，所有的故事都是围绕她展开的，所以翠翠是主要人物，其余的就是次要人物。

生：找到主要人物，其余的人物就是次要人物。

（众生笑）

师：这仿佛是一句"废话"，但这的确是一个很好的思路，另辟蹊径，却也殊途同归。请周星同学具体解释一下。

生：如果小说以人名为标题，这个人物就是主要人物，如《孔乙己》《范进中举》。"装在套子里的人"就是别里科夫，所以别里科夫是主要人物。即使不以人物命名，刚才说了，可以从所占的分量来确定主要人物，那么剩下的就是次要人物。

师：很好。你调动之前的积累来解决问题。一些短篇小说喜欢以主人公的名字作为标题，如《阿Q正传》《马兰花》等。但还有一个问题，我们知道小说是通过主要人物的经历、命运、言行举止来表现生活、揭示主题，这是不是意味着用不着次要人物，只塑造主要人物就行了？

生：当然不行，这样故事就不精彩了，太单一了。

生：这样就成名副其实的独角戏了，而独角戏是很难唱下去的。

生：次要人物对主要人物有陪衬作用。

师：对。正是有了配角，主角才能更精彩。金鸡奖、奥斯卡奖等各大电影奖都设有最佳配角奖，可见配角的重要性。今天我们就一起来探讨小说中次要人物的作用，因为配角也精彩！


三、小组合作探究

PPT展示本节课课题。

配角也精彩

——小说次要人物的作用

学习目标

1. 辨识小说中的次要人物形象。

2. 总结小说中次要人物的作用。

3. 学会次要人物作用题的答题方法。

师：下面展示同学们课前自主学习中所提出的部分有代表性的、也很有深度的问题。

投屏展示：

1. 怎么找准小说中次要人物？

2. 小说都有次要人物吗？

3. 次要人物与主要人物的关系是什么？

4. 次要人物是一个还是一群？

5. 次要人物在小说中的作用是什么？

师：同学们提出的一些问题就是本节课的学习目标，说明同学们经过了认真的预习与思考。

PPT 展示：

| 第一组 | 第二组 | 篇　目 |
|---|---|---|
| 主要人物 | 次要人物 | |
| 林冲 | 陆谦、富安、差拨、李小二夫妇 | 《林教头风雪山神庙》 |
| 祥林嫂 | "我"、鲁四爷、柳妈等鲁镇的人 | 《祝福》 |
| 别里科夫 | 柯瓦连科、华连卡 | 《装在套子里的人》 |
| 翠　翠 | 爷爷、傩送、天宝、杨马兵、顺顺等边城人 | 《边城》 |
| 孔乙己 | "我"、短衣帮 | 《孔乙己》 |
| 于　勒 | "我"、菲力普的两个女儿和女婿 | 《我的叔叔于勒》 |
| 范　进 | 胡屠户、张乡绅 | 《范进中举》 |

师：让我们再回到这张表，温故知新，再读"旧文"新发现。请同学们就表中所给篇目，小组合作探究小说中次要人物的作用。

生：次要人物有推动故事情节发展的作用。如《林教头风雪山神庙》中的李小二夫妇，正是由于他们听到陆谦一行人的谈话，并将怀疑告诉林冲，才有后面林冲买刀寻仇，而作为暗线的陆谦等人虽然直到山神庙观火才又一次出现，但我们却从李小二夫妇的言谈中推测陆谦等人正在为杀林冲而行动着。

师：精彩！你们小组的思考很深刻。如果没有小二的交代，陆谦等人火烧草料厂的情节就显得突兀。

生：在情节上，次要人物还有穿针引线的作用。如《祝福》《我的叔叔于勒》《孔乙己》中的"我"，祥林嫂、于勒、孔乙己的命运都是通过线索人物——"我"的所见、所闻、所思展现在读者眼前的。

生：次要人物对主要人物形象有烘托的作用。如陆谦的凶残烘托出林冲的善良，也是陆谦的步步紧逼，使林冲终于看清了现实的黑暗，不再对那个黑暗的社会抱希望，一改逆来顺受，最终手刃亲仇。我们组认为，从另一个角度来说，次要人物陆谦等人使林冲这一人物性格更加丰满、真实。

生：还有《装在套子里的人》中的华连卡姐弟的开朗、热情、充满活力烘托出别里科夫的保守、反动。

师：是烘托的艺术手法吗？

生：应该是反衬吧。

师：是反衬。什么是反衬？反衬是指利用与主要形象相反、相异的次要形象，从反面衬托主要形象。这里华连卡姐弟的开朗、热情反衬出别里科夫的保守、反动。

生：次要人物中的"我"是小说故事的叙述者和见证者，使故事情节真实可信，同时也让读者产生共鸣。如《祝福》中，读者通过"我"的讲述、感受，产生对祥林嫂的同情，对封建制度吃人本质的愤恨。

师：你的发言不仅指出次要人物有见证者的作用，还指出"对封建社会吃人本质的痛恨"，说明次要人物还有什么作用？

生：揭示小说主题的作用。

师：准确地说，应该是与主要人物一起起着揭示小说主题的作用。比如

《祝福》中的柳妈，她劝祥林嫂捐门槛赎罪，就是受封建思想的毒害，可知封建社会的"三座大山"对妇女的压迫与摧残，从柳妈与祥林嫂身上体现小说的主题。

师：小说中次要人物还有一个作用是营造氛围的作用，哪一个组来说说？

（生默然）

师：看来同学们对这个知识点不了解，那下面老师举个例子，之后请同学们也举例分析。

PPT 展示：

次要人物的出现为主要人物的活动提供了具体环境，渲染氛围。《孔乙己》中对"一群人"有细致入微的描写。孔乙己生活在众人的哄笑中，又在人们的笑声中退场，最终在人们的哄笑中走向死亡。那阵阵笑声中，一面是凄惨的遭遇与伤痛，另一面不是同情和眼泪，而是无聊的逗乐与取笑。只要孔乙己到座，"店内外充满了快活的空气"，表面上欢乐的氛围，实际上是以乐写哀，是孔乙己可悲的命运。

生：《边城》中的爷爷、顺顺、杨马兵等小城中的人们营造了一个民风淳朴的茶峒小城，在这种环境中长大的翠翠也是那样的天真淳朴。

生：《我的叔叔于勒》中"我"的父母姐姐们，他们唯利是图，自私冷酷，贪婪势利，嫌贫爱富，于勒就处在"同胞好似摇钱树，骨肉竟如陌路人"的环境中。

师：这两句对句既是典型的环境，也揭示了小说的主题。下面我们总结次要人物的作用：

PPT 展示：

1. 烘托/对比/反衬主要人物。

2. 同主要人物一起揭示小说主题。

3. 推动故事情节的发展。

4. 贯穿全文充当线索。

5. 渲染气氛基调。

6. 次要人物的言行作为故事的见证者，见证了主要人物的事/品质，故事富于真实性。以"我"为次要人物，可拉近小说主人公与读者的距离，从而产生情感共鸣。

师：近几年次要人物的作用在高考中也多次出现，同学们要读懂题干，弄清考点，才能有高质量的答题。

PPT 展示：

高考链接：

1. 小说题为"侯银匠"，但写侯菊的文字多，请结合全文探究作者这样安排的理由。（2008《侯银匠》）

2. 第六段中对安娜周围人的描写，具有什么作用？（2014《安娜之死》）

3. 第四段中的"小伙子"这一次要人物在这篇小说中起着怎样的作用？（2015 浙江卷《捡烂纸的老头》）

4. "我"在小说中的主要作用是什么？请简要分析。（2016 全国卷《玻璃》）

### 四、对点分析　提升能力

下面请同学们看这张统计表。这是课前作业《陆地上的船》的作业统计。

PPT 展示：

| 总人数 | 上交作业数 | 6 分 | 5 分 | 4 分 | 3 分 | 2 分 | 平均分 |
|---|---|---|---|---|---|---|---|
| 40 | 40 | 1 | 10 | 10 | 15 | 4 | 3.97 |

师：本题总分 6 分，全班平均分 3.97，还有的 2.03 分丢在哪些方面？我们一起来找一找。请同学们看看这份答卷，请说出这份答卷的优点与不足，老师为什么打 3 分？

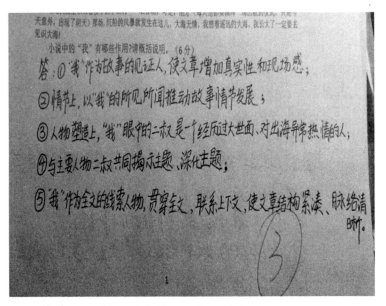

天意外，出现了晴天）那场，沉黑的风暴就发生在这儿。大海无情，我您看远远的大海，我长大了一定要去见识大海！

小说中的"我"有哪些作用?请概括说明。（6分）

答：①"我"作为故事的见证人，使文章增加真实性和现场感；

②情节上，以"我"的所见所闻推动故事情节发展；

③人物塑造上，"我"眼中的二叔是一个经历过大世面、对出海异常热情的人；

④与主要人物二叔共同揭示主题、深化主题；

⑤"我"作为全文的线索人物，贯穿全文，联系上下文，使文章结构紧凑、脉络清晰。

生：优点是字迹工整，分条陈述，条理清晰。

生：从人物塑造、情节、线索、见证者、主题几点去答题，答题完整。没发现有什么不足，挺好的呀！不知道为什么只得 3 分。

师：这就是同学们在这次作业中所犯的最大毛病。大家仔细分析，这份试卷上的答案除了第 3 点让我们了解到一些关于小说的内容外，其他的点是不是放到哪一道关于次要人物作用的试题都没区别？

（生纷纷点头）

师：这种答题就是贴标签，千题一面，是套答，没有就这一篇小说内容做具体分析，给 3 分都还多了。再看下面一份答卷，分析答卷的优缺点。

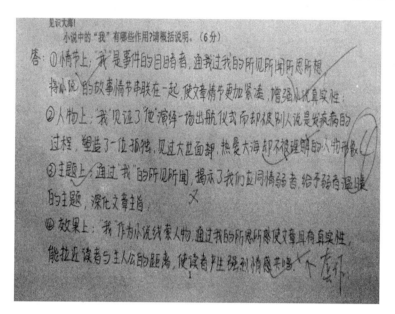

生：分条陈述，字写得也不错，反正比我的好。（众生笑）

生：从四个方面来答题，并且先答要点再分析，条理清晰。

生：第1点和第4点出现的问题是套答。

师：不仅是这两份答卷出现套答的问题，好些同学都存在这个问题，其一，我想有不会答的因素之外，还有思想懒惰、不愿动脑分析的原因。其二，就是分析人物性格和归纳的主题不正确。下面是老师摘抄同学们的答案，请同学们看看问题在哪里？

PPT 展示：

1."我"是小说故事的见证者。通过"我"对这场仪式的所见、所思、所感，贯穿了全文，充当线索，使小说结构更加紧凑。

2. 推进情节，以"我"和父亲对二叔行为的反应，及"我"对他的行为的疑问，推进情节发展，同时从侧面衬托出二叔的性格特征。

生：第1条答案中"我"是见证者，但解析中"贯穿了全文，充当线索，使小说结构更加紧凑"是次要人物起着线索的作用，解析不对。

师：对，老师称这种错误为"牛头不对马嘴"，原因是思维混乱。

生：第2条答案是"推动故事情节"，解析的内容却是分析人物性格，答案也是"牛头不对马嘴"。

师：下面老师将同学们在答题时出现的问题总结如下。

PPT 展示：

1. 套作答题，言之无物。

2. 牛头不对马嘴，思维混乱。

3. 对小说主题把握不准确。

师：下面针对以上问题，我们来逐一解决。

PPT 展示：

"我"是小说故事的见证者。"我"是第一人称，是小说故事的叙述者与见证者，**"我好奇地望着他。……他迎着……""我发现，他绝不多走一步……""我们乐了。他焦虑不安地跑进来……"**等等，可以看出，文中"我"是事件的亲历者，这使故事情节更加真实，也拉近了小说主人公与读者的距离，从而产生情感共鸣。

师：请同学们思考，如果将黑体字去掉行吗？

生：不行，答案就成套答。

师：所以要想言之有物，就必须落实答案，不能架空。"我"如何起到见证者的作用，要回归到具体的文本中，找到对应的答案要点，准确表述。

师：请注意斜体字的内容。

生：答案的要点是"见证者"，"这使故事情节更加真实，也拉近了小说主人公与读者的距离，从而产生情感共鸣"，这几句表述思路清晰，体现了"见证者"的作用。

师：下面请同学们就"我"对主要人物的烘托作用具体作答。

生：本文中**"我对他生出敬意""我真想过去支援他""我曾替我这个二叔自豪""大海无情，我想着遥远的大海，我长在了一定要去见识大海"**等等，从侧面烘托疯子船长执着于理想、忠于职守形象，同时表现了"我"对疯子船长的理解、崇敬。

师：请一位同学来点评一下。

生：答案不空洞，"我"的哪些行为起到烘托作用，在小说中找出了对应点。

师：同学们不能再大而空地答题：通过"我"的所思、所想对某某形象的塑造起到了烘托作用。（黑体字是小说具体内容，斜体字是作用）

PPT 展示：

1. 热爱大自然。

2. 大自然不可战胜。

3. 想走出大山，到外闯荡的强烈愿望。

4. 为二叔感到悲哀这一主题。

师：这是同学们对《陆地上的船》这篇小说所概括的主题，与小说的真正主题相去甚远。归纳小说主题对同学们来说是一个难点。该怎么解决呢？其实也不难，主题是从主人公身上体现出来的，只要把握准与主人公相关的情节以及所体现的性格、精神品质等，就可以抓住小说主题。同学们看本文主人公身上发生了什么事，体现了什么精神品质？

生：虽然他奋不顾身去救船，但船还是沉了，这件事导致他精神失常，从而体现了二叔忠于职守的性格。

师：用这种方法就可以归纳出小说的主题。所以次要人物对小说主题的作用可以这样答。

PPT 展示：

行文中多处提到"我"的内心感受，特别是结尾处写**"我"学着他的样子，想体验船长的感受，要去见识大海，船长忠于职守和高度的责任感**对我的影响深远，使小说的主题更深刻。

师：黑体字对应主人公的品质，这样答题就具体并思路清晰了。


### 五、实战演练　夯实基础

师：同学们，掌握理论与付诸实践还有一段很长的路要走，而只有将理论灵活地运用于实践才能展现同学们的思维能力。下面根据本节课所学习的次要人物的作用及答题方法，现在同学们就操练起来，把昨天已经发下去让同学们阅读的小说《蛮师傅》学案拿出来。请同学们依据本节课所学内容，设计一个问题。

生：小说中的次要人物有什么作用？

生：请说出小说中的"我"有什么作用？

师：比较哪一个问题的表述更准确？

生：第二个。因为小说的次要人物分陪衬人物和线索人物，而《蛮师傅》这一篇中的次要人物是线索人物——"我"。

师：由于时间关系，现在一、二大组围绕对主要人物的烘托、线索作用来答，三、四大组围绕对主题、情节的作用来答。

小组展示答案：

生1："我"是村民修路这一事件的见证者，通过村民请"我"做主、"我"回顾村民蛮干的经过到修路成功等情节，故事更具有真实性。

生2："我"在文中起到线索的作用。通过"我"将村民们修路的遭遇、艰辛与决心等情节有机地串联在一起，这样使小说结构紧凑。

生3：人物上，在村民眼中，"我"是一个有见识的读书人，他们找"我"商量修路的事，从侧面体现了村民肯干、苦干、执着的精神。

生4：小说结尾通过"我"的评论，提示了主旨：实干才是硬道理。

师：同学们，小说里的次要人物并不次要，他们使主角更精彩，同学们要使自己的答案更精彩，必须掌握好知识点，落实到文本，思路清晰，完整作答。温故而知新，今天的作业是：

PPT展示：

小说《善人》中多次写到围观的人群，有什么作用？

**备教感悟：**

学习规律表明，愈是艰难的学习，愈是要先学后习，这样可能做到事半功倍。高三语文复习课如何才能有针对性、有实效性，教师如何帮助学生将模糊的知识条理化、系统化，夯实学生的基础，这需要教师采取科学有效的教学方法。本节是"小说次要人物作用"的复习课，我实施了五个教学环节，切实以教师为主导，以学生为主体，先学后教，充分发挥学生的学习主动性，促进学生思维的提升与发展，现对教学设计理念进行总结分析。

语文课前表达训练形式多样，内容丰富。我采用"时事点评"的形式，这是针对议论文写作的板块设计的，针对时事要闻，学生各抒己见，畅所欲言，但要求尽力做到观点鲜明，条理清晰，语言精练，说服力强，这一活动使学生的思维得到了很好的拓展与训练。

"先学后教，以学定教"是本节课主要的教学理念。课前学生已经自主学习了复习资料上关于小说次要人物的相关知识点，并根据自学所得独立完成作业《陆地上的船》的阅读练习，教师即时批阅评分，得出此次作业的平均分，并掌握了学生的薄弱点，教师再根据作业情况调整教学方案，有的放矢地组织教学，课堂教学收效明显。

知识的生成应是在动态中进行，为此，我设计了课堂研讨"温故知新——再读经典新发现"的教学环节，学生重温课文，在具体、生动的文本中碰撞、交流、探究，从而巩固知识点，这样本来容易枯燥的知识点就变得生动、易接受、易消化了。

展示学生作业时，教师让学生根据本节课所学的知识来点评作业的优点与不足，这样做一方面巩固了本节课知识点的学习，另一方面也强化了规范作答、完整作答、条理作答等答题意识。教师从作业中归纳出典型，指出答题中出现的问题，并针对性地给出解决办法，如套路答题的情况的解决办法就是让学生落实到具体的文本中，在文本中找依据，不能贴标签；答题思路混乱的情况，就要掌握专业术语，注意对点解析。教师问诊开方、对症下药，是高效复习的必由之路，先学后教是教师开方的基础与前提。那么药到是否病除呢？课堂检测是必不可少的一个环节，本堂课教师让学生训练了一篇小说《蛮师傅》，十五分钟内，学生完成练习，展示答案，学生互评、教师点评等四个环节一气呵成，最后教师小结本节课内容，结束课程。

整节课节奏紧凑，松弛有度，有热烈纷呈的研讨，有专心致志的思考，时而热烈，时而静谧，学生与教师、学生与学生、学生与文本之间不断碰撞，使整节课充实而愉悦。

语文学习的过程本身就是一个充满思辨和复杂思维的过程，杜威认为，知识的学习需要经过还原与下沉、体验与探究、反思与上浮，这一学习过程恰似一个"U"形。《易·恒》说："圣人久于其道，而天下化成。"化成即教化成功。高品质课堂的化成首先是"有成效"，即能够很好地完成教学任务，效率高，效果好，所以教师就要设法找到此"道"，并且让学生熟悉此"道"，而这种"U"形教学法就是我所找到的"道"。本节课"温故知新——再读经典新发现"的教学环节，就是学生将书本知识"还原"和"下沉"，是对知识进行表征化、表象化和具象化的过程，"U"形的底部是学生对知识进行自我加工的过程，是学生对所学知识体验与探究的过程，这体现在学生联系课文探究"小说次要人物作用"这一环节上。而最后学生归纳出"小说次要人物的作用"是"上浮"，即反思性思维，将过去的书本知识进行升华与总结提升，这样，书本知识才真正变成学生自己的东西。

# 压缩语段之下定义

**学情分析**：压缩语段是语用题中的难点，而"下定义"是压缩语段的难点。"下定义"还涉及句式变换、筛选、概括、归纳、提取重要信息的能力，而每个环节对学生来说都不易掌握好，所以这个高考点想拿高分不容易。

**考点分析**："压缩语段"考查的是将一段话进行正确的提炼、概括、压缩的能力。在命题上综合考查了理解、分析、阐发、引申、筛选等能力，能力层级为 D。

**学习重点与难点：**

1. 掌握基本模式，强化解题思路。

2. 准确筛选信息，有效整合成单句。

**复习目标：**

1. 了解"下定义"的概念及基本模式。

2. 掌握"下定义"的基本解题思路。

3. 提高学生有效筛选信息、归纳要点的能力。

**教学时数**：两课时。

# 第一课时

## 一、导入新课

多媒体展示课代表收集整理的学生典型问题。

1. 什么是单句？单句的句式是什么？

2. 哪些词语是可以删除的？有一定的标准吗？

3. 下定义和做诠释一样吗？

4. 句子怎么排序？

5. 这个知识点好难，几乎无从下笔，希望老师能深入浅出地讲解。

师：这个题在考卷中是21题。试卷中的题目越往后，就越是考查同学们运用语言的能力，作文题是对同学们12年学习母语的一次系统的、全面的、综合的检测，所以，21题仅次于作文题，是对同学们语言运用能力的考查，难度是肯定的，但也是有方法可循的。

## 二、厘清概念

师："下定义"这种说明方法，同学们在初中说明文的学习中接触过，但在高中，考查能力要求相对是较高的，并且会在题目中有意设置一些难度，如句子不会太短，信息量大，要同学们处理的信息更多一些。高考对"下定义"真是情有独钟，在此，老师罗列了十来套考过"下定义"这个知识点的试卷，同学们了解一下，对"二胡"做介绍，给"转基因棉花"做解说，为"遗传"下定义，这实际上是考查同学们概括、压缩和整合的能力，要求都比较高。

PPT展示：

1. 全国卷：给"遗传"下定义。

2. 全国卷：对"二胡"做介绍。

3. 全国卷：拟写一条"魔术"的定义。

4. 浙江卷：对"二十四史"做解说。

5. 北京卷：对"转基因棉花"做解说。

6. 辽宁卷：给"流星雨"下定义。

7. 江苏卷：概括说明什么是"洼地效应"。

8. 福建卷：为"心理咨询"下定义。

9. 辽宁卷：写一段介绍"飞行板"的文字。

10. 安徽卷：给"年画"下定义。

11. 浙江卷：为"食品添加剂"下定义。

12. 山东卷：给"创造"下定义。

师：在学习如何"下定义"前，我们首先弄清楚什么是单句。单句是由短语或单个的词构成的句子，能独立表达一定意思的语言单位，不可再分析出分句的句子。就是只有一套主谓宾成分，其余的成分必须变成修饰成分，一般将"种差"以定语或状语的成分放在句子中。

PPT 展示：

试比较下面两种形式，哪句是单句？

1. 自来水笔是一种有着金属笔头，能吸墨水的书写用具。

2. 自来水笔是一种书写用具，它有着金属笔头，能吸墨水。

生：根据单句的定义，第 1 句是单句，它只有一套主干"自来水笔是书写用具"。

师：对。第 2 句有三套主干，分别是"自来水笔是笔"，"它有笔头"，"（它）能吸墨水"。第 2 句是对自来水笔的解释，叫做诠释。但以下句子虽是单句，但并不是"下定义"的说明方法。为什么？

PPT 展示：

1. 书籍就是打开知识宝库的钥匙（下定义不能打比方）。

2. 教师不是体力劳动者（下定义不能用否定）。

3. 魔术是一种……魔术（下定义不能循环）。

师：总结下定义的四个规则。

PPT 展示：

1. 必须是单句；2. 不能采用比喻的方式；

3. 不能用否定句式；4. 不能循环。

师：接着同学们要弄清楚什么是"下定义"，请看下面三个句子。

PPT 展示：

1. 直角三角形是有一个角是直角的三角形。

2. 水是没有颜色、没有气味、没有味道的透明液体。

3. 记忆是我们过去在生活实际中认识的事物或做过的事情在我们头脑中遗留的印迹。

师：同学们分析这三个句子的句式特点。

生：都是什么是什么的陈述句式。

师：提取主干。

生：直角三角形是三角形；水是透明液体；记忆是印迹。

师："什么是什么"的结构就是"下定义"。但主语"什么"被称为"种概念"，宾语"什么"是"邻近属概念"。

PPT 展示：

下定义是一种用简洁明确的语言对事物的本质特征做概括说明的方法。

下定义的格式：

"种概念" = 种差 + 邻近属概念。

"种差" 指同一属概念下种概念所独有的属性。

"邻近属概念" 指包含被定义者的最小的属概念。

师：找出以上三个句子中的种概念和邻近属概念？

生：直角三角形、水、记忆是种概念，三角形、透明液体、印迹是邻近属概念。

师：比较种概念和属概念哪一个范围大？

生：邻近属概念范围大。

师：由三个句子可知，种概念是属概念中的一种。三个句子中的"种差"是什么？有什么作用？

生：第一个句子的种差是"一个角是直角"，第二个句子的种差是"没有颜色、没有气味、没有味道的透明"，第三个句子的种差是"我们过去在生活实际中认识的事物或做过的事情在我们头脑中遗留的"。种差就是事物的本质特征，用来区别概念的。

师：弄明白什么是种概念、邻近属概念和种差后，同学们在下定义时就要找到这三个内容。那么用什么句式来连接这三个概念的内容呢？多采用判断单句的形式，句中的判断词为"是"或"叫"。

PPT 展示：

表述格式

A："××（被定义词）是……的××（属概念)"。

如：无理数（被定义词/种概念）是（判断）无限而不循环（本质特征/种差）的小数（属概念）。

或 B："……的××叫××"。

如：无限而不循环的小数叫无理数。


**三、真题解析**

师：下定义时，准确地抓取被定义事物的属概念和种差（本质特征）。弄清楚"下定义"这种说明方法的基本概念和句式之后，我们按由易到难的顺序来解密高考典型真题。

PPT 展示：

例1：（福建卷）从下列材料中选取必要的信息，为"心理咨询"下定义。

①心理咨询是给咨询对象以帮助、启发和教育的活动。

②这种活动必须运用心理学的理论、知识和方法来妥善处理各种心理问题。

③这种活动通过言语、文字或其他信息传播媒介来达到咨询目的。

心理咨询是＿＿＿＿＿＿＿＿＿＿＿＿＿＿＿＿＿＿＿＿

师：这道题要求为"心理咨询"下定义。提供了三个句子，"心理咨询"

就是被定义概念即种概念，下面同学们要找出"心理咨询"的属概念和种差。

生：从第一句话中可找出属概念是"活动"，种差在第①②③句中可找出。

多媒体展示：

参考答案：

（心理咨询是）运用心理学的理论、知识和方法，通过言语、文字或其他信息传播媒介，给咨询对象以帮助、启发和教育的活动。

师：根据"下定义"的格式，这就是此题的答案。同学们先从感性上有所了解。注意种差的顺序并非简单的罗列，要讲求逻辑顺序。按认知的逻辑顺序，先有心理学方面的知识，然后通过语言等媒介给人以帮助等，只有57个字，注意题目要求"选取必要的信息"，"这种活动"这个词重复且没有用，因而删去。哪位同学来用另一种句式表述？

生：运用心理学的理论、知识和方法，通过言语、文字或其他信息传播媒介，给咨询对象以帮助、启发和教育的活动叫心理咨询。

师：刚才是地方卷高考题，下面是全国卷题，这个题的难度就大一点了，哪位同学来说说两道题的不同之处？

PPT展示：

例2：（全国卷）提取下列材料的要点，整合成一个单句，为"遗传"下定义。

①遗传是一种生物自身繁殖过程。

②这种繁殖将按照亲代所经历的同一发育途径和方式进行。

③在这一过程中，生物将摄取环境中的物质建造自身。

④这种繁殖过程所产生的结果是与亲代相似的复本。

生：一是题目强调要"整合成一个单句"，二是比前一道题多了一个句子。

生：遗传是生物体按照亲代所经历的同一发育途径和方式进行的，摄取环境中的物质建造与亲代相似的复本的自身繁殖过程。

师：很好，说说做题心得。

生：我首先找到属概念"繁殖过程"，发现第①句就是一个单句且符合下定义的句式。第③句强调"过程"中的任务，第④句强调"过程"的结果，然后将这两个句子合成一个长句"摄取环境中的物质建造与亲代相似的复本"，第②句作为种差应放在句子前面，因为它说的是途径和方式，就是运用这种途径和方式再通过某一过程繁殖就是遗传，有点像数学中的"合并同类项"。做这个题我发现要把同样的内容整合成一个句子，而且要看懂句子，才能整理出逻辑顺序。最后，我把"本质特征"即"种差"变成定语，加上"的"字，使句子符合"单句"的要求。

师：你的总结方法一是看懂句子，二是所谓的合并"同类项"，三是按逻辑顺序整合成定语。在本题中只需要将"种差（本质特征）"即②、③、④的主要信息合理地插到①的属概念前即可。所谓"合理"，就是做到合理排序、句意不变、语句通畅等。本题②、③、④句分别就自身繁殖的方式、任务、结果来说明的，因此符合事物本身的内在联系和发展过程，不需颠倒，但要注意，并非所有的题都如此，必要时要调整语序。所以同学们要按逻辑关系将这两句整合成一句。另外，整合后的句子不能改变原意，也不能出现语病。

多媒体展示：

参考答案：

答：遗传是指生物按照亲代所经历的同一发育途径和方式，摄取环境中的物质建造自身，产生与亲代相似的复本的一种自身繁殖过程。

或：生物按照亲代所经历的同一发育途径和方式择取环境中的物质建造自身，产生与亲代相似的复本的一种自身繁殖过程叫作遗传。

师：我们总结"下定义"的做题方法。

PPT 展示：

第一步：找出邻近属概念，确定主干。

第二步：筛选有效信息，找出种差。

第三步：合理整合信息，按序组成一个单句，不能出现语病、错别字。

师：这第三步可以用刚才同学的方法来完善，就是：一是看懂句子，二是所谓的合并"同类项"，三是按逻辑顺序整合成定语。

接下来同学们用所学方法将昨天学案的作业订正，然后请同学分步解析你的答题过程。

多媒体展示：

例3：（浙江卷）提取下列材料的要点，整合成一个单句，对"二十四史"做解说。（可适当增删词语，不得改变原意）（3分）

①为封建统治阶级提供历史借鉴是二十四史的编撰目的。

②封建统治者称二十四史为"正史"。

③纪传体是二十四史采用的体例。

④对中国四千多年来的历史，二十四史所做的记录是比较系统的。

答：二十四史是_____

生：主干是根据第②句得出"二十四史是……正史"，种差从①③④中提取，所以我的答案是：二十四史是以纪传体体例，对中国四千多年的历史做比较系统的记录的，为封建统治阶级提供历史借鉴的正史。

师：为什么将原句中的"采用"换成"以"？

生："以"是介词，"以……体例"是状语，如果用"采用"，"二十四史采用纪传体体例"已经是一个单句了。

师：对，注意细节之处，但也可以不用改，"二十四史是采用纪传体体例写成的"也行。

PPT展示：

参考答案：

二十四史是为封建统治阶级提供历史借鉴而编撰的，对中国四千多年历史做了较系统记录，被封建统治者称为"正史"的纪传体史书。

师：比较刚才同学的答案与参考答案，同学的主干是"二十四史是正史"，属概念是从题目本身得出的，而参考答案是"二十四史是史书"，属概念是根据种概念总结出来的，作为学生可能做不到这样，但一般情况题目都会给出属概念，如果没有给，就得自己根据种概念来总结，这是一个要注意的地方；另外，这个题本质特征的顺序两种排列都行，这是比较特殊的地方，这个现象是少有的。下面的句子是同学们的作业，请指出错误之处。

多媒体展示：

典型错误

①二十四史是采用纪传体的体例，是比较系统地记录了中国四千多年的历史，为封建统治阶级提供历史借鉴，封建统治者称它为"正史"。

②二十四史是比较系统地记录了中国四千多年的历史，为封建统治阶级提供历史借鉴为目的的正史。

③二十四史是采用纪传体体例，比较系统地记录中国四千多年历史的，为封建统治阶级提供借鉴的并被称为"正史"的一本书（一部历史/一种史料/一种记录）。

生：第①句有四句话，不是单句，不符合要求。"封建统治者称它为'正史'"，"二十四史是体例"，"是……历史""提供借鉴"，共四个句子。

生：第②句"纪传体"这个要点漏掉了，还有出现了病句，应该是"以为封建统治阶级提供历史借鉴为目的"，少了一个介词"以"。

生：第③句邻近属概念不当，二十四史不是一本书，或一部历史等。

师：这就是没看懂种概念，所谓一本书、一部历史、一种史料或一种记录这些名词都是同学们臆想出来的，没有从原题中去选取。

# 第二课时

师：下面的这道题的难度又有所提升，与之前的题有什么区别？

PPT展示：

例4：（山东卷）对下面这段文字提供的信息进行筛选、整合，给"创造"下定义，不超过30字。（4分）

作为人的一种活动，创造包括思维活动和行为活动。创造一定要获得成果。形形色色的创造成果可以分为两种类型：一类是精神性的，即新的认识；另一类是物质性的，即新的事物。这些创造成果不管以何种形式表现出来，都必须具备"首次获得"这个必要条件。

生：这个题似乎更难了，它是一个完整的段落，之前的题都明确地给出几个句子，属概念和种差都不像之前的题那么明显，题目还要求答案不超过30个字。

师：难度在加大，不仅要变换句式还要压缩语段。除了之前的方法外，解这一类题还要注意以下这些信息。

PPT 展示：

下定义应淘汰"五种信息"

下定义是对本质属性的概括，既要准确筛选语段中的关键信息，保证重点不缺失，又要归纳信息，淘汰本质属性以外的信息，保证语句简洁。一般来讲，应该淘汰以下五种信息：（1）重复信息；（2）比较信息；（3）背景信息；（4）描写信息；（5）举例信息。

师：以上五种信息直接影响我们下定义的准确性和严密性，下定义时必须认真解读、辨认，做到准确淘汰。

生：创造是人首次获得的精神性和物质性的一种思维和行为活动。

师：根据题目，精神性和物质性是两个类型，中间应用"或"。说说做题感悟。

生：这个题虽然没有标明分成几句，但可根据标点（句号）和意思来分层，这一段分为三层，实际上就是三个句子。从第一句可以找出邻近属概念，确定主干——创造是一种思维和行为活动；第二层指出创造成果的分类；第三层指出创造成果的必备条件是"首次获得"。再把第二层和第三层的内容整合，去掉重复信息后，放到第一句中去就得出答案了。

多媒体展示：

参考答案（4分）

①创造是人首次获得精神或物质成果的思维和行为活动。

②首次获得精神或物质成果的思维和行为活动叫创造。

师：在字数的限制下，去掉重复信息、比较信息、背景信息、描写信息和举例信息很重要，做题时要明辨这几类信息。

例5：提取下列材料的要点，整合成一个单句，为"因特网"下定义。（不超过50个字）

①因特网是一种新的媒体，它与19世纪的报刊和20世纪的广播、电视不同。

②它跨越时空，全球一网。

③它信息无限，时效性强。

④它集文、图、动画、声音等多种媒体于一体。

师：题目要求不超过50个字，哪一点必须删去？

生："它与19世纪的报刊和20世纪的广播、电视不同"是比较信息，可删去。

师：最根本的原因是比较信息不是本质特征。"它与19世纪的报刊和20世纪的广播、电视不同"这一句不是因特网的本质特征，应该删去。谁来口述一下答案。

生：因特网是集文、图、动画、声音等多种媒体于一体的，跨越时空、全球一网、信息无限、时效性强的一种新的媒体。

生：因特网是集文、图、动画、声音等多种媒体于一体的，信息无限、时效性强、跨越时空、全球一网的一种新的媒体。

师：第②句和第③句哪一句在前不影响，因为这几个特征可并列。

PPT展示：

例6：阅读下面文字，筛选、整合相关信息，为"光活化农药"下定义。

20世纪初，人们研究了吖啶、荧光素等染料在光照下的杀虫作用。70年代，约荷等人又研究了卤代荧光素对家蝇的光动力作用，将光活化农药的研究推向一个新的高潮。研究中人们发现，一些物质平时并没有毒性，但进入生物体内以后在光诱导的氧化作用下，会变得有毒，从而对家蝇、大蚁、象鼻虫等害虫起到毒害作用。这些物质还具有在自然界迅速降解为无害物质的特性，因此很适合制成农药。近年来，光活化农药的优点和应用前景正引起人们的广泛关注。

师：这个题和例4的山东卷有什么不同吗？哪个难度大？

生：这个语段更长一些，没有字数限制。这道题要简单一些吧！

师：没有字数限制，同学们可能认为简单，但是就因为没有字数限制，到底本质特征找全了没有，同学们在做题时就少了一个标杆。

生：材料中找不到"光活化农药"的属概念，要自己根据种概念来定义属概念。分层之后再围绕"光活化农药"提取出重要信息。

师：你说的这些就是做题的思路了。这个句子分为几层？哪些句子包含重要信息？思考片刻。

生：一个句号一层，共五层。包含"光活化农药"特征的重要句子是第三句和第四句。第一、二句是背景信息，第五句是意义，都可以去掉。

生：光活化农药是一些平时没有毒性，但进入生物体内以后在光诱导的氧化作用下变得有毒的，且能在自然界迅速降解为无害物质的药物。

师：要读懂材料，这种物质是光活化农药吗？不是，这种物质很适合做农药，但并不是光活化农药。这个题的难度很大，弄清材料是前提。

PPT展示：

参考答案：

光活化农药是用某些平时无毒，但进入生物体内在光照下产生毒性，又可以迅速自然降解为无害物的物质制成的一种杀虫药。

师：根据以上所学的方法与要点，同学们做下面这道题。

PPT展示：

例7：请筛选、整合下面文字中的主要信息，拟写一条"年画"的定义。要求：语言简明，不超过40个字。（5分）

年画是民间很常见的一种图画，大多于农历新年到来时张贴。年画画面线条单纯，色彩鲜明。传统年画多为本版水印制作，主要产地有天津杨柳青、苏州桃花坞和山东潍坊等；现代年画则多为机器印制。年画的常见题材有合家欢、看花灯、胖娃娃、五谷丰登等，也有以神话传说和历史故事为题材的，多含有吉祥喜庆的意义。年画历史悠久，早在宋代就有相关记载；清代中期，年画尤为盛行；至今还深受人民群众喜爱。

生：我压缩的句子是：年画是线条单纯，色彩鲜明的，多含有吉祥喜庆的意义，深受人民群众喜爱，大多于农历新年到来时张贴的民间很常见的一种图画。后来我修改成这样：年画是线条单纯、色彩鲜明、吉祥喜庆的深受人民群众喜爱的一种图画。

师：哪一位同学来评一评，打多少分。

生：4分。句式是单句，字数在规定字数之内，信息上不够全面，还少一点，年画的常见题材没有说到。这一部分字数太多，只能自己概括，我概括为"题材广泛"。传统年画和现代年画制作方式的不同是比较信息，可以删去。年画是线条单纯、色彩鲜明、题材广泛、吉祥喜庆的深受人民群众喜爱的一种图画。

师：很好，这个题与上一道题的不同点就是，由于字数限制，有的信息必须自己概括，有的信息必须删去。"深受喜爱"与"过年张贴"哪一个信息更能体现年画的特征？由于字数限制，这两个点要做权衡取舍。

PPT展示：

参考答案：

年画是春节时张贴的，画面线条单纯、色彩鲜明，含有吉祥喜庆意义的图画。【37个字（含标点）】

师：做下面这道题，说说此题考查的知识点。

PPT展示：

例8：（四川卷）根据下面的材料，用一个单句介绍某市的概况。（40字以内）（5分）

材料一：某市至今已有几千年的历史，历代为郡、州、府、道治所，现为国家历史文化名城。

材料二：某市铁路、公路四通八达，机场开通国内十多条航线。

材料三：某市景色优美，有景区被评为中国AAAA风景旅游区。

材料四：某市的国内生产总值和财政收入在我国地级市中名列前茅。（110字）

生：某市是交通便利、景色优美、经济发展水平较高的国家级历史文化名城。这道题由于字数的限制，材料共 110 个字，答案只允许 40 个字，只能将每个材料用最简洁的语言概括起来了。

师：做完一道题就要进行方法总结，才能进步。有的同学知识点不认真学习，题目不愿做，方法不总结，考试时凭感觉做题，这是不可取的。

做诠释也是一种说明方法，有同学提到下定义与做诠释怎么区别，这个问题问得很好。很多题目所提供的对某个词下定义的原始材料，往往是做诠释的语言，会加入很多干扰信息，而同学们必须从这些信息中提炼、整合出所需要的信息，明白这一点对解题非常重要。

PPT 展示：

下定义 ≠ 做诠释

下定义与做诠释的区别：

下定义，是一种用简洁明确的语言对事物的本质特征做概括说明的方法。

做诠释，对说明的对象进行解说，往往侧重于事物某一方面的特征，或者解说它的构造、成因、功用等非本质的因素，因而说明的内容不能与被说明的对象变换位置。

举例比较说明：

1. 食物是指能够满足机体正常生理和生化能量需求，并能延续正常寿命的物质。

2. 激光是一种颜色单纯的光。

3. 在太阳和月亮的周围，有时出现一种美丽的七彩光圈，里层是红色的，外层是紫色的，这种光圈叫作晕。

师：这三个句子分别是什么说明方法？

生：好像都是下定义，又好像都是做诠释。

师：我们知道下定义有两种句式，一是"××（被定义词）是……的××（属概念）"，二是"……的××叫××（被定义词）"，被定义词可以在前，也可以在后，而做诠释就不行。

生：第一句是下定义，第二、三句是做诠释。因为第一句可以倒过来造句。"食物是……的物质"或"……的物质是食物"都通畅。而第二句如果倒过来说"一种简单的光是激光"就不通，第三句也是这样。

师：最后特别提示。

PPT 展示：

1. 邻近属概念要找准确，大一级小一级都不正确。

2. 下定义时不能用比喻句、否定句、描述句、举例、分类等。

3. 一定要抓住本质特性这一要点。


**备教感悟：**

如何高效备考，教师的指挥棒要指准方向，学生学习起来才能事半功倍。历届高考题是备考的风向标，利用好这一资源对高考备考大有裨益。然而如何高效利用，就需要教师发挥聪明才智，深入钻研，方能纲举目张、化繁为简、化难为易，使课堂更高效！

本节课在教学设计时，并非仅凭教师多年的执教经验去安排教学内容，尽管这一点非常重要。教师还应关照到学生的学习能力、领悟能力、考点的难易程度，只有将三者结合起来，才可能达到预期的效果。俗话说"一将愚蠢，累死三军"，如果方法不对，只是一味刷题，老师教得辛苦，学生也累得半死。

基于以上思考，我采用先学后教和梯度教学的方法。学生运用复习资料自主学习"下定义"这个知识点并完成一定量的作业，课代表将同学们学习中所遇到的问题收集、整理后交给教师。教师批改作业，然后根据作业存在的问题有针对性地设计教学，这样就使得教师的教与学生的学目标一致，相互交融，形成良好的教学氛围。

"下定义"这个考点学生掌握起来比较困难，平时的教学中涉及的也少。在具体的教学过程中，我采用四步走的策略。第一步，厘清"下定义"概念，进行概念教学；第二步，做样子给学生看，直接展示答案，初步把握"下定义"的基本形式；第三步，题型上、难度上逐步升级，并总结做此类题的方法，带学生照样子做；第四步，让学生"习"，即独立操作。第三步是介于向老师"学"和自己"习"之间，既学老师解题，又自己学着解题，为第四步独立解题做准备。四次解题，四次总结，四次实践，先"学"后"习"，渐渐由生疏到熟练，步步为营，做到"精准化""精细化"备考。

历届高考题是一个丰富的教学资源库，它在试题的难度、考查方向等方面能产生极强的指导效应，因而利用它来教学是很多教师的首选。但这并不意味着教师只需将该知识点的高考题"一网打尽"，然后对学生进行"狂轰滥炸"，就自认为达到备考要求了。其实不然，收集高考题只是第一步，教师必须对高考题仔细琢磨，按由易到难、一般题型与特殊题型等方式分层、分类地进行梯度教学。为此，我精选了八道有代表性的高考题，由易到难，分类推进教学，这既符合学生的认知心理，也是对这一类题的"发展""演变"进行了梳理。教学中重点突出，复习全面，不同题型的考点明晰，两节课就使学生系统地掌握了"下定义"的方法，收效较好。

面对高考，如何备考，我想说："题海战术，回头是岸！"教师要做一个"运筹于帷幄之中，决胜于千里之外"、胸中有丘壑的将军，学生才能所向无敌！

# 04

## 阅读教学探究

# 让阳光照进每一扇窗

## ——浅谈语文教学中的情商教育

摘要：如何通过语文教学提高学生情商水平，是一个值得探讨的问题。情商是一个抽象的概念，即情感指数，它是一个度量情绪的指标，也是一种发掘情感潜能，并运用情感能力影响生活各个层面和人生未来的关键因素。在语文教学中，我们可以自觉不自觉地利用语文的美质，多渠道地渗透情商教育来促进学生非智力因素的提高，从而提高语文学习的成效。

关键词：语文教学　情商　教师情商　学生情商

"一考定终身"，往往使道德考核与社会责任感只剩一纸空文，"高考状元"是分数的成功者，不一定是社会素质和道德素质的优秀者。这些暴露出我国教育重智商、轻情商的弊端，也向教育工作者提出了新的课题：如何在开发学生智商的同时，提升学生情商，以促进学生全面发展。语文学科与其他学科相比，具有鲜明的人文特点，在发展学生情商方面有着独特的优越性。教材中的优秀作品无不浸透着作者嬉笑怒骂、酸甜苦辣，必然是作者"情动于衷"的产物，是培养学生情商的极好媒介。

## 一、关于"情商"

美国哈佛大学心理学教授丹尼尔·戈尔曼在《情感智力》一书中，首次使用"情商"这个与智商相对的概念。戈尔曼指出，"情商"是个体最重要的生存能力，是一种发掘情感潜能，运用情感能力影响生活各个层面和人生未来的关键性品质要素。"如果说，智商主要是反映人的认知能力、思维能力、语言能力、观察能力、计算能力等理性能力的话，那么，情商主要是反映一个人感受、理解、运用、表达、控制和调节自己的情感关系，以及处理自己与他人之间情感关系的能力，是属于非理性的。"[1]188并且认为对一个人的成功起决定作用的要素，智商占20%，情商占80%。情商包括人的动机、兴趣、情感、意志和性格等情感因素，这些因素在人的创造性活动中起着关键作用。

### 二、语文教师的情商

"没有情感就没有也不可能有对于真理的追求。"[2]372心理学告诉我们，没有情感的支持，人的其他心理活动，如感知、记忆、思维想象都将变得苍白无力。学校教育是教师和学生共同参与的双边活动，也是特定情景中的人际交往活动。教师、学生和教材既是构成教学中认知系统的三个基本要素，也是构成教学中丰富而复杂的情感现象的三个源点。语文教师的情商指数高低，对语文教学有重要影响。语文教师的情商是营造浓郁的情感氛围，激发学生学习动机，体现学生的主体性，重视培养创新思维，提高审美能力的重要前提和保证。那么，语文教师如何才能营造出浓郁的情感氛围，我认为可以从以下几个方面着手。

1. 丰富教师的情感。一方面是指教师对事业的情感，另一方面是指教师自身的情感。教师要把教书育人作为一项终身追求的事业，孜孜不倦，兢兢业业，充满热忱，而不是把它作为一种谋生的手段，得过且过，敷衍塞责。同时，语文教师要有丰富的情感，才能深入到文章的思想情感中去，化作者之情为我之情，再把我之情传达给学生。这样，当教师和学生围绕着教材内容展开教学活动时，不仅认知因素，而且情感因素也被激活了，形成情知信息交流的回路，在教学中对情感回路的有效控制，自然同时能产生认知和情感两方面的教学效果。一位老师在上杜甫的《登高》时，仅以他动情的叙述和朗读，就打动了学生，试想，一个不会感动、不会表达感动的语文教师，学生怎能从你的课堂上体会到文学的情感和美感呢？

2. 建立融洽的师生关系。国际 21 世纪教育委员会向联合国教科文组织提交的报告《教育：财富蕴藏其中》提出了教育的四大支柱：（1）学会认知，即掌握认识世界的工具。（2）学会做事，即学会在一定的环境中工作。（3）学会共同生活，培养在人类活动中的参与和合作精神。（4）学会发展，以适应和改造自己的环境。其中重要的一个目标就是学会做人，具有与他人相处和合作的能力。[3]348 作为教学组织者的教师，首先是生活中的人，在与学生的接触中，除知识的引导外，还可与学生畅谈人生，品味生活中的感悟，如果教师在人格上受到学生的敬重，学识上得到学生的仰慕，他们自然会"信其道"，并愿意亲近你、贴近你。正如我国古代教育家王守仁所云："大抵童子之情，乐嬉游而惮拘检，如草木之始萌芽，舒畅之则条达，摧挠之则衰萎。今教童子，必使其趋向鼓舞，中心喜悦，则其进自不能已。譬之时雨春风，沾被卉木，莫不萌动发越，自然日长月化。若冰霜剥落，则生意萧索，日就枯槁矣。"[4]126

3. 创设和谐的教学氛围。良好、和谐的教学氛围，应从教师踏入教室的那一刻起，教师心情舒畅，态度和蔼，神情平和，这种良好的情绪会潜移默化地感染学生。试想如果教师带着生活或工作中的不良情绪进入教室、进入课堂，你能很好地将文章的情感传达给学生吗？所以一旦走进教室，必须抛开所有"凡尘俗事"，给学生带来的是真、善、美，留下的是对语文课的无限企盼。在教学过程中，有时语文教师自己来朗读课文，会收到意想不到的震撼效果。同时要考虑到以学生为主体，避免喋喋不休的一言堂，可采用讨论、表演等多种互动形式，调动学生的积极性。还可以利用多媒体创设情境，从感官上刺激学生，有利于他们更快地融入文章的情感中去。如在上《大堰河——我的保姆》一文时，笔者播放《懂你》这首歌的 MTV，优美、抒情的旋律，感人至深的画面，使学生很快地融入母爱的氛围中，对理解作者对保姆大堰河的深厚情感做了很好的铺垫。

### 三、学生应具备的情商

文学作品可以让我们学会很多东西，在目前的学习生活中，要教学生学会感恩、学会坚强、学会合作、学会看待生活。一堂好的语文课，就应该重视学生的情感、态度、价值观体现，注意熏陶感染，并把这些内容贯穿于日常教学中，这样，师生间的情感才能产生共鸣，从而激发学生的学习热情。

1. 学会感恩。学会感恩，因为感恩不是简单的报恩，它是一种责任、自立、自尊和追求一种阳光人生的精神境界！感恩是一种处世哲学，感恩是一种生活智慧，感恩更是学会做人、成就阳光人生的支点。

常有人这样问笔者："你是当教师的，认为首先应该教给孩子什么？"笔者会不假思索地回答："感恩！"感恩两个字，看起来如此简单，但需要人们用心付诸行动！

笔者曾对全班做过一项调查：你知道父母亲的生日吗？在他们生日那天，你为他们做过什么？对于第一个问题，大多数同学都知道，但为父母亲做过点什么的同学则不多。问其原因，多数同学没想到。于是笔者又做了一项测试：要学生写出你认为在这世界上对你最重要的 5 样（个）事物或人，然后在 5 分钟之内，根据热爱程度，从程度较轻的开始一项项删除，直至全部删完，并假想，一旦删除，则永不存在。从答卷来看，几乎每个同学都写父母亲，并都将他们放到最后，但当真的要将父母亲"删除"而永不存在时，笔者看到绝大部分学生的眼睛湿润了，平时有些比较大大咧咧的男生也沉默了，不再觉得这只是一个测试、一场游戏。这还不够，我在一旁催促道："赶紧下笔删除，否则被'删除'的就是你！"时间一秒秒地过去，仿佛这是一场生离死别，有的女孩子甚至哭了，她们中有的表示宁愿被"删除的就是自己"。于是笔者说："同学们，你们是否还记得，开学时，爸爸妈妈送你们来学校，帮你提着沉重的行李？母亲在前一晚帮你收拾东西，而你甚至连袋子里有些什么都不是十分清楚？你是否记得星期五放学时，父母亲来学校接你，嘘寒问暖，关心的话语？或者在宿舍里，电话那头急切地询问衣服够暖吗？吃得饱不饱？睡得好不好？……也许你仍记得，也许当初的你觉得这太平常，认为这是父母亲应该做的，你都已经习以为常了。可你有没有想过，付出的人也希望得到你给予的温暖。现在我们用最朴素的方式给你感激的人写一封信吧。懂得感恩的人，往往是有谦虚之德的人，是有敬畏之心的人。那不仅仅是为了表示感谢，更是一种内心的交流，在这样的交流中，我们会感到世界因这样的息息相通而变得格外美好。"没想到三天后，笔者自己也收到了几封感谢的信，谁说他们这一代不会感动？

2. 学会坚强。生活中不如意的事情十有八九，学会坚强，才能应对人生中的坎坷。一个人的思想是深邃还是浅薄，往往决定于他看问题的角度，从这个意义上，刚踏入青年门槛的高中学生，教会他们深刻地思考、具有健康的价值观、形成正确的生活准则，从而学会辩证地看待生活中美与丑、高尚与卑劣等道德、社会问题是非常重要的。

"00后"的一代有着较为富足的物质生活，所受挫折少，意志品质相对而言较为脆弱。而人的抵抗力、免疫力是一步步增强的，从无菌室走出来的人，往往受不了细菌的袭击，因此，生活中学会面对挫折，在挫折中成长，是人生必修的一课。语文教学工作者应引导学生认识到，在漫长的人生中，挫折与失败并非完全是坏事，机遇与挑战共存，成功与失败相随，顺境与逆境同在，欢乐与忧愁相伴。挫折是人生的砂轮，它能砥砺人的意志；失败是人生的教科书，它能教会人们如何认识人生。挫折是一杯苦酒，让人们在品味中懂得人生的真谛；失败是一盏信号灯，它警醒人们思索前行的路。"暂时性的挫折实际上是一种幸福，因为它会使人们振作起来，调整我们努力的方向，使人们向着不同的方向前进。"[5]321中学语文教材中，表现仁人志士坚强意志的篇目不少，那身心倍受摧残的司马迁，那于狱中遭非人磨难的左忠毅，那在世间被黑暗笼罩的海伦·凯勒……在语文教学中如何培养学生的意志？在上苏轼的《赤壁赋》前，笔者先让学生去收集作者的相关资料，在上课时发表自己的看法。这项任务，增加了学生对一代大文豪的了解，并由衷地赞叹他穷且益坚、乐观旷达的人生态度。有同学这样慨叹：苏轼一生三起三落，经历了宦海沉浮和人生挫折后，他并没有被灾难击倒，为历史奉献了著名的"一词二赋"。"请举出像苏轼这样身处逆境，却保持一颗向上的心的有志之士，要有诗为证。""我欣赏李白，在'欲渡黄河冰塞川，将登太行雪满山'的困境下，仍高唱'天生我才必有用'。""我佩服郑板桥'任尔东西南北风'的坚韧。""与他们相比，我们的困难应该不算困难，它不过是生活中的调味品而已。"随着一句句意味隽永、掷地有声的诗句吟咏而出，一颗颗年轻的心也泛起了层层涟漪。

3. 学会合作。学生首先是一个社会的人，合作是人际关系中的重要环节，是生存的必备素质，可以说没有合作，就不会有发展。

一个集体就是一个大家庭，同学之间应该互相帮助，这样不仅能增加凝聚力，而且对提高学习成绩是大有裨益的。但是有同学抱怨某某同学明明懂得这道题如何解，却不愿告诉别人，害怕同学超过自己。这不是个别现象，应该如何来解开这一心结呢？空洞的说教是行不通的。

机会终于来了，在上小说《智取生辰纲》时，笔者问杨志押送生辰纲失败的原因有哪些？同学总结原因主要有：杨志刚愎自用、吴用的计策天衣无缝、天气太热……笔者进一步启发，吴用有计策，难道杨志没有吗？同学们看问题在哪里？"他们互相之间不配合，导致失败。""是啊，如果杨志集团通力协作，吴用等是不可能成功的。"在大家讨论后，笔者说："历史不能重演，但'前事不忘后事之师'，我们可以引以为鉴。同学之间应毫无芥蒂地互相帮助，通力合作，才能所向披靡。正如同学所说，"'不怕狼一样的对手，就怕猪一样的队友'"。从同学们的笑脸上，笔者知道"合作"的种子已经播下，要让它扎根，还必须继续耕作。

"回顾一下，历史上哪些事例从正反两方面显示了'合作'的巨大能量。"笔者顺势引导同学们进行深入探讨。"廉颇和蔺相如的合作，使'强秦不敢加兵于赵'。""《鸿门宴》中，刘邦与张良、樊哙的合作，使刘邦逃过一劫。""从中也可看到，项羽集团因为不通力合作，只能放虎归山，最终自刎江东。"一旦在学生心中播下情感的种子，智慧之根就会越扎越深，思想之树自然越来越葱茏。

4. 学会看待生活。"在这个社会到处都是阴险之人。""如今的人都是自私的。""外婆的去世，我觉得人生好没有意义。"这都是学生作文或练笔中的原句。"到处""都"这些程度副词的使用使人感到没有程度限制，而是"一竿子打死一船人"。除了表达的误差之外，笔者想更多的是学生们思想的偏颇与狭隘。若以这样的目光去看世界，看人生，那将是无止境的黑暗。

《普通高中语文课程标准》（实验）指出，"培养学生高尚的道德情操和健康的审美情趣，形成正确的价值观和积极的人生态度，是语文教学的重要内容"。[6]221因此，教师不仅要领着孩子们从愚钝走向智慧，更要领着他们从沮丧、失望、苦恼、急躁、嫉妒等消极情绪中走到愉快、喜悦、同情、向往等积极情绪中来，从低级的个人情绪向高级的社会情感转化。

在讲海沦·凯勒《假如给我三天光明》时，笔者在黑板上写下德国诗人荷尔德林的诗句："人生充满劳绩，但还诗意栖居在大地上。""大地上仍有阳光照不到的地方，高尚与庸俗、美好与丑陋等都并存在生活中，这才是真实的世界。诗意栖居就是摒弃现实中的声色犬马，不时仰望头顶那片灿烂的星宿，就是在世俗的环境中简单而真诚地生活。""老师，陶渊明高唱归去来兮，兴高采烈地回家去，并写出了那么多优美的诗篇，也算是一种'诗意的栖居'，因为面对那么多磨难，他没有怨天尤人，没有消极遁世。""我想'诗意的栖居'应该是心灵的选择，而不仅仅在于形式。"让我们的学生在与古人的对话中，领悟古人精神超越的优美姿态，以期明白什么是真正的生命形态，从而在今后的人生路上也能用诗意的审美心态去应对一切遭遇和考验。

除了让学生学会感恩、学会合作、学会坚强、学会生活外，自信、善良、富有同情心、愉快、平和、保持积极心态等是我们永远追求的情商目标。在培养学生的思维能力、想象能力、创新能力的同时，别忽视了对学生情商的培养。教育工作者的一项重要使命，就是为学生打开一扇通向未来的心灵之窗，让阳光照进来，让积极美好的情感飞进去，而语文课堂是培养学生情商的一个十分重要的阵地。

**【参考文献】**

[1] 蔡光勇.21世纪中国教育向何处去［M］.长春：吉林人民出版社，1999.

[2] 列宁.列宁全集［M］.北京：人民出版社，1972.

[3] 联合国教科文组织.教育：财富蕴藏其中［R］.北京：教育科学

出版社，1996.

［4］王守仁．训蒙大意示教读刘伯颂等［M］．北京：商务印书馆，1982.

［5］徐厚道．心理与教育导论［M］．北京：中国林业出版社，2000.

［6］秦训刚，蒋红森．高中语文新课程标准教师读本［Z］．上海：华东师范大学出版社，2003.

# 语文课堂应从"美的发现"走向"发现之美"

摘要：让语文学习的过程充满发现，让学生的心里充满了发现的"惊喜"与"激动"，这就是语文课堂的"发现之美"，是学生灵性的彰显，是对文本的二次创作，鉴赏能力也在此得到提高。

关键词：语文教学　美　发现

语文教学美育应该而且必须挖掘语文教材中"美"，这是毋庸置疑的，但仅仅停留在此，又是非常不够的。如果说，利用教材中的"美"的元素，对学生进行美的熏陶，那是"美的发现"的话，那么，语文教学美育至少还应包括"发现的美"，即让语文学习的过程充满发现，让学生的心里充满了发现的"惊喜"与"激动"。美味佳肴，芳香陈酿，应该由学生自己去品评。教师越俎代庖，包办代替，再美的精品，学生也会觉得索然无味，死气沉沉的课堂，美从何来呢？以《故都的秋》为例，作者在文中所要极力渲染的是北国之秋的"清""静"和"悲凉"之美，从而抒发郁结于内心深处的孤独寂寞之情。要深切理解作家的这种感受，引导学生体会秋景，体会秋的悲凉是教学的重要环节。譬如，北京的秋景很多，为什么要在"一椽破屋"之下，"从槐树叶底"细数着"一丝一丝漏下来的日光"？为什么要在"破壁腰中，静对着像喇叭似的牵牛花的蓝朵"，而且是"以蓝色或白色为佳，紫黑色次之，淡红者最下"？为什么会想到"北国的槐树"的"落蕊"和"秋蝉的衰弱的残声"？通过讨论，使学生慢慢地、细细地去领略作者笔下的

"悲凉之美"。这样，不是教师去"讲解美"，而是引导学生去"发现美"。这是语文教学美育的一个重要方面。

与"美的发现"相比，语文教学美育更为看重"发现的美"。道理很简单，因为语文教材不可能篇篇都有美的风景、美的人物，但是语文教学应该每一节课都是让学生"发现"和"创造"的殿堂，只有这样，才能培养出适应 21 世纪需要的创新人才。因而，"发现"不仅仅是指"美的发现"（发现了作品本身的美学意味），更应该是指"发现的美"（在发现中学生体会到的喜悦和激动）。语文课上的"发现"为什么会给发现者带来美？因为"发现"会给学生带来心灵的惊喜和激动，在这心灵的惊喜和激动中，发现者感受到了自己的潜能，感受到了一种情感、思想，智慧的愉悦、满足和升华，因而体会到了美。但并不是每处都能带来"惊喜"与"激动"，这就要找到"牵一发而动全身"的"一发"，即一些细微之处，在发现的过程中加深对课文的理解，从而产生情感、思想和理智的升华，收到"熔知识、能力、情感陶冶于一炉"的综合效益，这样的"发现"才是有意义的。大体说来，可以从以下几个方面去"发现"。

**一、品味词语**

语文教材对语言的要求很高，文本都出自名家之手，经过千锤百炼，言浅意深、言简意丰之处很多。"语言是思想的直接载体"，关键词语更是作家"捻断茎须"的结晶。选择经过作者精心锤炼、含义隽永、富有意味的关键词语让学生反复品味，是语言思维的训练，也是情感意味的品评。

品味词语可采用替换法。如汪曾祺的《胡同文化》中有这样的句子："穷忍着，富耐着，睡不着眯着。"这个"眯"字大有品味的必要，让学生试着替换成"闭""闲"行不行？经过讨论，学生发现，"闭""闲"没味，体现不出北京人心情的闲适、轻松。那种睡不着、别烦躁、别着急、悠着点的心态，唯有"眯"最为传神，这也是安分守己、逆来顺受，万事"忍"为先的胡同文化的典型体现，其中有无奈，有心酸，有不满，有作者对这种没落文化的欣赏与调侃。这些文字看起来平淡无奇，却有很深的文化意味，如同陈年佳酿，越品越有味。这种味道若由老师咀嚼后给学生，成了别人嚼过的馍，食之无味。

品味词语还可以采用"表演法"，让学生在表演中发现其意味。譬如《胡同文化》中写北京人的易于满足，有这样的句子："虾皮熬白菜，嘿！"对于这个"嘿"字，我让学生做朗读表演，在表演中仔细品味，从而发现胡同文化知足常乐、随遇而安、安分守己的意蕴。

### 二、咀嚼细节

细节往往是作家创作的用心之处。托尔斯泰说过："艺术家在细节上必须竭尽全力……只有艺术家找到了构成艺术作品很小的因素时，他才能感染别人，而且感染的程度也要看到何等程度上找到这些因素而定。"作家在创作过程中寻寻觅觅，孜孜不倦，选择最典型、最传神的细节，推敲最准确、最传神的用语。自然，这些细微之处的美学意味也就最浓，最值得读者去推敲、揣摩。循着一个具体的细节，走进作品人物的内心深处，小小的细节可收到"四两拨千斤"之效。这里作者所要表达的感情也往往较为隐藏含蓄，若忽略了，深层的意味不能领略，是一大遗憾。如《林教头风雪山神庙》写林冲从老军处得到酒壶后，时时用枪挑着，一刻不离，但到手刃仇敌后，却把酒壶给扔了，雪夜离开了山神庙。这个细节描写有何意图呢？带着酒壶，作者仅仅想表现林冲因为买酒而躲过一劫吗？最后扔掉也仅仅因为报仇了？经过讨论后会发现，林冲从老军手中接过酒壶，其实表现了林冲本想好好"改造"后，能回家去与妻子团聚，对昏庸的统治阶层还抱着一些幻想，仍然忍受着命运的摆布，最后手刃仇敌扔掉酒壶，实际上是和这个阶层的决裂，是林冲反抗精神的体现。

### 三、鉴赏技巧

文章之所以为文章，总是凝聚着作者的艺术匠心的。引导学生发现这些艺术技巧，是一种高层次的审美。而发现的过程，自然也会带来无穷的喜悦。艺术技巧的种类很多，不同文体不同风格的文章又各有不同。叙事文章多用伏笔、照应、铺垫、以小见大、对比烘托等，抒情文中常有虚写、实写、象与意、景与情等。"发现"要从文章实际出发，选好角度，找准文脉。如《祝福》一文中，作者写"我"听到雪落的声音。其实，雪落是无声的，为什么作者这样写呢？实际上是用以声写静的方法去突出鲁镇的寂静，没有生气，败落。同样本文在对比手法上的运用也堪称典范。我提了几个点，如"文中几次对祥林嫂外貌的不同描写""祥林嫂被卖前后的称呼是否有变化""祥林嫂两次到鲁四爷家工钱的变化"，在我列出了几个对比项之后，同学们也开动脑筋，又找出了一些对比的地方，如"祥林嫂两次到鲁家不同的表现""人们听祥林嫂讲阿毛的故事前后不同反应的对比描写"等，在进行对比分析中，同学们看到了封建社会对劳动妇女的摧残与压榨、奴役与迫害，作者对看客们的批判与痛恨、无奈与失望，对社会的鞭挞与控诉、思考与疗救。通过对作品写作技巧的鉴赏，领悟了作品蕴涵在文字背后的深邃思想内涵和艺术匠心，学生的心中也就体会到"发现的美"。

### 四、教师要更新教育观念，转变教育思想

语文课堂上能否让学生自由地"发现"，饱尝"发现"之美，关键在于教师能否更新教育观念，转变教育思想，切实把学生放在主体位置，让学生成为"发现"的主体。尊重学生的主体地位，引导学生去发现体会，即使教师不着一"美"字，学生也会"美"从心来，可谓"不着一字，尽得风流"；相反，如果教师只有生硬的讲解、机械的灌输，即使课堂上"美"语不断，学生也与"美"无缘。但是必须强调，语文课堂上的"发现"，不能采用"放羊式"，走到哪里是哪里，那种看来热闹的课堂，如果没有高质量的问题为"契机"，也是没有意义的。那样的课堂，只有发言，没有"发现"。"发现"离不开老师的主导作用，要精心选择话题，选择"闪光点"，选择能激发思维火花的材料。如何进行这种选择呢？当然是学生有疑处。但发现并不等于"释疑"，或者一般意义上"释疑"并不等于"发现"，"发现"必须是经过讨论领悟后，领会了文章的深层意味，而这种深层意味往往是隐藏在文字背后，往往不被人注意的，这样，"发现"的喜悦才来得尤为

强烈。教师需有一双慧眼，从那种看似平常、平淡、很容易一带而过的地方，激发讨论。如《为了忘却的记念》一文中，有学生就提出一个饶有兴致的问题：

生1："低眉"是什么意思？

生2：低头。

生1：那为什么不说"低头"而说"低眉"呢？

生2：这是借代的手法。

生3：为什么不用"低鼻""低耳"呢？同样是借代的手法。

大家纷纷讨论起来，但仍无结果，最后我提醒学生到古诗中去找类似的例子。学生很快发现"安能摧眉折腰事权贵""低眉信手续续弹"，我接着追问用"眉"代指"头"，"眉"跟"鼻""耳"相比有什么特点呢？"眉"能传情，如"眉开眼笑""喜上眉梢""眉目传情"等。此时学生七嘴八舌，气氛非常活跃，看得出学生的思维处于非常积极的状态，置身在这样的气氛中，学生心中必定会荡漾出美的涟漪。在学生"发现"美的过程中，教师要以园丁的热情和工匠的技能，细心点拨，精心引导，让真理之芽破土而出，由"山重水复"走向"柳暗花明"。

发现与创造是一对孪生姐妹，发现的过程包含着创造。发现过程中心灵的"惊喜"和"激动"正是语文创新教育所呼唤和期盼的，语文教学的美育在本质上与创新教育是一致的。我们有理由相信："发现之美"，风景这边独好！

# 三读三问，让学生真正成为课堂的主体

罗黔平

贵州省都匀一中　558000

摘要：阅读是学生从文本中提炼信息、理解内容、获得体验的重要途径。作品写了什么、怎么写、为什么要这样写，是语文阅读教学不可绕过的三问。阅读教学要引导学生通过粗读、精读、品读获得透彻理解和独特感受，以激发学生的学习兴趣和质疑精神，学生才能真正成为语文课堂的主体。

关键词：三读三问　阅读　主体

Abstract：Reading is an important way for student to extract information, understand contents and acquire experience from texts. What is written , how to write and why to write is the three questions that cannot be avoided in Chinese reading teaching. Reading teaching should guide students through thorough reading, intensive reading and product reading to get a thorough feeling, so as to stimulate student's interest in learning and questioning spirit. Students can truly become the master of the Chinese language class.

Key word：Three reading and three questions Read Subject

传统的语文阅读教学，课堂预设多生成少，学生习得多质疑少，教师灌输多，学生获益少，长此以往，学生不但学不会，也没有了自主阅读赏析的愿望与能力，多由教师牵着鼻子走，一切等着教师"讲"，教师讲什么怎讲，学生就学什么怎么学，这种讲授型教学模式限制了学生的思维活动，降低了课堂成效，渐渐地，学生丧失了阅读兴趣与能力。建构主义学习观认为，阅读过程就是阅读主体感知、领悟及其创生的过程，是阅读主体（师生）走进阅读客体（文本），整体把握阅读客体（文本）的过程。

阅读要想有收获，有着不可绕过的三问三读，那就是粗读作品写了什么，精读作品怎么写，品读作品为什么要这样写，这是阅读教学必须遵循的"三层次"的基本规律。粗读，把握文本主要内容；精读，把握文本所表达的思想内容和所运用的表现手法；品读，感悟体验作者的写作意图和情感态度。下面笔者从一些教学案例谈谈如何通过三读三问，对学生进行阅读指导。

一、粗读"写什么"。"写什么"，这是通向阅读殿堂的必经之路。"纸上得来终觉浅，绝知此事要躬行"，中学语文阅读教学只有唤醒、激活学生的阅读期待及其生活经验，方能使学生将外在的陌生化的阅读材料转变为自己可交流、对话，甚至融进个体生命之存在，从而产生强烈的阅读欲望。"写什么"就是激活学生对文本初步进行整体感知。"如果一部文本用一览无余的方式组织其因素，我们作为读者就只好厌倦或者拒绝这本书，或者怨恨想将我们完全置于被动的企图。"[1] 那么如何引导学生在粗读中整体感知文本？可以教学生采用以下几个方法初探文本：一是线索法。"线索是作者组织材料的思路在文章中的反映，是把文章的全部材料贯穿成一个有机整体的脉络。"[2] 线索就是作者的写作思路，整体的布局，让故事情节合情合理，有连续性，让读者顺着文本一直读下去。线索就好比一条线，把整篇文章贯穿起来，最后打个结。"惟能线索在手，则错综变化，惟吾所施。"[3] 此类文章内容紧紧围绕标题展开，以标题为行文线索，例如，《我有一个梦想》就是围绕"梦想"展开，为什么有这个梦想，怎样实现这个梦想和这个梦想是什么。二是分层法。阅读过程中的分层法，就是把文章分成几个部分，再把几个部分按照内容分成几个方面，这样有利于的进一步理解文本。阅读心理学研究表明，同记忆有关的或者在理解中自然"升华"的一切因素，皆可能成为理解文本的依据。从某种意义上讲，任何一种联想和想象可作为理解文本的一种依据。所谓的重点内容是就文本的某个点而言，这个点的文字虽然十分简短，但是却具有某种更为广泛的意蕴。理解的实质是，把文章的内容归结成为简短的、逻辑性强的几条提纲，从每一条提纲里找出一个中心内容，然后再把这些内容联系起来，形成一个统一的、有一定逻辑联系的思想。划分重点内容的过程也就是对文章在不丢掉重点的前提下进行加工提炼的过程。因此，当标题不体现文章内容，这是一种很好地对文本整体感知的方法。但凡经典文本，其作者对段与段、层与层之间的逻辑联系，往往是苦心经营，"吟安一个字，捻断数茎须"，反复推敲的。阅读教学中，如果教师引导学生透彻地剖析了段与段、层与层的联系，不仅能够使学生深入理解文章的思想，而且也是切实有效的阅读思维训练。如，朱自清的散文名篇《荷塘月色》，第四自然段：

　　曲曲折折的荷塘上面，弥望的是田田的叶子。叶子出水很高，像亭亭的舞女的裙。层层的叶子中间，零星地点缀着些白花，有袅娜地开着的，有羞涩地打着朵儿的；正如一粒粒的明珠，又如碧天里的星星，又如刚出浴的美人。微风过处，送来缕缕清香，仿佛远处高楼上渺茫的歌声似的。这时候叶子与花也有一丝的颤动，像闪电般，霎时传过荷塘的那边去了。叶子本是肩并肩密密地挨着，这便宛然有了一道凝碧的波痕。叶子底下是脉脉的流水，遮住了，不能见一些颜色；而叶子却更见风致了。

　　这段月下荷塘的景物描写，层次分明，思路清晰，安排合理。文章先写荷叶，再写荷花，写的是荷叶荷花的形象，是荷塘的静态。接着用"微风过处"引渡，由描写静态转为描写荷塘的动态。写动态先写荷花的清香，再写荷叶荷花颤动的情景，最后写叶下的流水。描写细腻，有条不紊。学生理解了这段文章的描写层次，就有助于训练他们思维的条理，说话写文章就会讲究逻辑、注意提高自己的阅读思维能力。三是关键词法。何谓关键词？关键词就是蕴藏着作品深刻含义词语，在阅读过程中，如果阅读者能抓住文本的一些关键词进行重锤敲打，撩开文字表面的神秘面纱，深入文本内核，充分挖掘这些词语所裹藏的意义，对于准确把握文本的主旨大有裨益。抓住了关键词，还要善于理解。现代心理学认为，理解就是通过利用现有的知识在事物与事物之间建立起一种逻辑联系。在阅读过程中，既要能够结合前见联想已掌握的知识（包括已知的词的含义）或者马上能够从现有的知识里抓住所需要的东西并把它同新的印象结合在一起；另一方面，就是要利用已有的知识和未知世界联系起来，实现"同化—顺应—平衡"的知识改造，从而构建新的知识体系。抓住关键词这种阅读法，适用于抒情意味浓、主题明显的文章，如李煜的《虞美人》中"问君能有几多愁"中的关键词"愁"，可知此词写"愁"；杜甫的《登高》中"万里悲秋常作客"中的关键词"悲"就是该诗的诗眼。可见，"粗读"并不是泛泛而读，问"写什么"有牵一发而动全身、纲举目张的作用。

如在《囚绿记》阅读教学中，学生粗读并梳理了全文行文脉络，探究作品"写什么"时，针对第一部分（第1—4段）、第二部分（第5—7段）"写什么"产生了分歧。第一部分概括为"遇绿"还是"寻绿"，第二部分概括为"爱绿"还是"赞绿"？同学们各执一词，笔者引导学生再次阅读文本。学生发现概括第一部分"遇"比"寻"更好，因为作者与绿是不期而遇，并非作者刻意寻之；而概括第二部分"爱"比"赞"更好，因为第二部分直接抒发对绿之赞的句子只有"绿色是多么宝贵啊！它是生命，它是希望，它是慰安，它是快乐"，而其余的句子都在表现对绿的"爱"，爱它的姿态、色彩、声音、摆舞等。这里对文本的概括虽只有一字之差，但辨明用哪一字却是学生思考探究的成果。粗读并非肤浅地读、感性地读，应提升对文本准确的把握，这样的阅读才是高效的。

"写什么"也可以针对文本某部分进行探究，如《囚绿记》第一部分（第1—4段）的研讨学习。

概括第一部分"写什么"？这个问题似乎已探讨过，但笔者再一次让学生划出"遇绿"的句子后再做概括。原来写"遇绿"的文字只有三分之一，如果仅以"遇绿"来概括这一部分一定不准确。学生通过给第一部分划分层次，最后概括为"写遇绿时的激动心情和公寓小房间的概况"。"真理越辩越明"，同理，"文章越读越清晰"。

阅读意味着它是对某一特定文本进行解码和解释的具体而自主的行为，

把握文本"写什么"不能漠视文本的自身存在，大多时候文本里的世界与自己的生活相去甚远，这更要求精读。

二、精读"怎么写"。文本采用什么样的结构形式，选用什么样的艺术表现手法，这跟作家的艺术风格、艺术修为和艺术技巧有着密切的联系，但归根到底无不取决于作家对生活的认识、体验和感受的程度，是特定社会生活及其作家审美倾向的表现，正如法国伟大的批评家丹纳说："自然界有它的气候，气候的变化决定这种那种植物的出现；精神方面也有它的气候，气候的变化决定这种那种艺术的出现。"[4] "夫情动而言形，理发而文见，盖沿隐以至显，因内而符外者也。"[5] 由此可知，无论是自然界还是人类社会，一切事物都有其内容和形式，都是内容和形式的矛盾而又谐调的统一体。第二步引导学生关注文本"怎么写"，实际上就是引导学生在深入全面领会内容后如何把握文本内容与艺术形式的辩证统一关系。下面以《囚绿记》第一部分（1—4）和《在马克思墓前的讲话》精读阅读教学为例。

学生在探讨"作者运用什么手法写遇绿时的激动心情"这个问题时，课堂一下子安静下来，学生在苦苦思索，一个个抓耳挠腮。作者好像只是在平实地叙述，并没有运用什么写作技巧，"不愤不启，不悱不发"。我国现当代教育家叶圣陶先生在谈到如何指导学生阅读时指出："但是学生应该知道而未必能自行解答的，都不妨预先提出，让他们去动一动天君，查一查可能查到的参考书。他们经过了自己的一番摸索，或者是略有解悟，或者是不得要领，或者是全盘错误，这当儿再来听老师的指导，印入与理解的程度一定比较深切。"[6] 时机成熟，笔者启发学生："我怀着喜悦的心情占有它"的句子采用了什么表达方式？"直接抒情"，学生异口同声。难道只有直接抒情能表达欣喜之情吗？这一点拨，学生如醍醐灌顶，豁然开朗。

课堂截片：

生1：通过对房间狭窄、潮湿、炎热来侧面烘托遇绿时的惊喜。

生2：以伙计惊讶于我的"了截爽直"间接衬托我对绿友的喜爱。

生3："瞥"这一动作描写、细节描写体现出我对绿友的"一见钟情"。

师总结：直接抒情表达情感的强烈，如烈火喷油，不可扼制，而间接抒情的手法表达的情感，真实又含蓄而耐人寻味，各有其妙又相得益彰。

《在马克思墓前的讲话》第一段中，学生们对作者就"怎么写"哀悼之情这一问题展开讨论。

课堂截片：

生1：第一段叙述马克思逝世时的时间和情形，我并没有看出作者表达的哀悼之情啊？

生2：恩格斯不忍、不愿直接说出马克思逝世的事实，于是运用"讳饰"的修辞手法。

生3："停止思考""睡着了""永远地睡着了"，运用"讳饰"的修辞手法，便于人们从感情上接受这一突如其来的噩耗。

生4：但"3月14日两点三刻"作者强调到几点几分，这个特殊的时刻让人永远铭记，本身就是表达悲痛。

生5："让他一个人留在房里还不到两分钟，当我们进去的时候，便发现他在安乐椅上安静地睡着了"强调了事情的突如其来、出人意料，遗憾之情无以言表，因而悲痛也来得格外巨大。

师总结：呼天抢地的痛哭流涕是悲伤，忍痛吞声的平静讲述难道就不是吗？同为悲伤，只是形式不同罢了，此段的每一个字都饱含热泪。

清代思想家章学诚在《文史通义》中说："学文之事，可授者规矩方圆，其不可授者心营意造。"这"规矩方圆"就是篇章结构、遣词造句、修辞手法等"怎么写"之法，而探寻"怎么写的"的过程就是领会、感悟、体验作者"心营意造"的过程，抓住了"怎么写的"这一核心，就算踏上了接引我们从语文学习的此岸到达彼岸的桥梁。

当然还可以从文本的选用体裁去探寻作者是"怎么写"的，从而找到阅读鉴赏的方法。如散文的特点是"形散而神不散"，作者的文思可以天马行空，内容古今中外，但却有一条贯穿全文的线，阅读时找到这条线，就找到了文章的"神"——主旨。而小说则是要抓住人物、情节、环境这三个要素，再深入研讨作者如何通过动作、语言、心理、细节、外貌等刻画人物的。情节上理清开端、发展、高潮、结局，思考情节安排上的独具匠心之处，如设置悬念、伏笔、照应、突转、抑扬等。环境对衬托人物心情、推动情节、体现主旨等作用。因此，要弄清文本"怎么写"，学生必须了解各种文体的艺术手法。

生理学和阅读心理学研究表明，阅读是读者通过视线扫描感知语言符号的过程，即阅读者把经过判断、遴选和提取的有效信息输送至大脑并转化为概念，与大脑储存的原有概念相互联系，引发一连串复杂的联想与想象、推理与评价的思维活动，逐步获取新知的高阶思维活动过程。读者要"运用脑髓""放出眼光"，自己去品评解读"写什么"或"怎么写"，从而读有所得。如果仅是把阅读理解为单一的朗读、背诵，或者只是把阅读作为将固定的文字符号不折不扣地输入和储存在大脑之中，那么阅读便失去了意义。

我国著名语文教育家刘国正指出："阅读不仅是手段，是技能，它还是生活，是发展，是人的本质的丰富性的展开。"[7]阅读的本质的丰富性是什么？是通过阅读提升学生的精神境界，品读作者的写作意图和情感。因此，在学生弄清文本写什么、怎么写以后，引导学生进入第三环节——为什么这样写，这是深入文本世界不可或缺的一步。

三、品读"为什么这样写"。按照皮亚杰的图式理论，学生并非消极被动地接受外界影响，而是积极主动地与客观环境互动的学习过程。在这个活动过程中，学生通过"同化—顺应—平衡"的个体内部图式，在打破原有知识结构的基础上，重新构建新的知识体系。在阅读过程中，学生的心理图式不是一成不变的，而是随着阅读的逐步深入不断发生变化的，这一变化潜移默化地影响着学生对文体意蕴的挖掘及阐释。从学生对文本的理解，笔者认为，要引导学生对文本重点句或段落进行重锤敲打，教师必须重视培养学生的"前见"水平。何为"前见"？伽达默尔指出，作品的意义并不是先于理解而固有的东西，在阐释者的理解之前总是处于未定状态，向多种阐释开放。文本有文本自己的独特世界，阐释者有他的——对阐释者来说是熟悉的陌生的"这一个"精神世界，两个世界在平等对话中展开，共同创造一个永远开放的意义世界，因此，在引导学生理解作者为什么写这一环节时，摒弃传统教学中以教师自己的"前见"替代学生的"前见"，转变教师的传统角色，走近学生的心灵世界，营构和谐、平等、民主的课堂氛围。

教师应"目中有人"，贴心地着眼于学生在解读文本时的"前见"，以《囚绿记》自主阅读教学为例。当探究第一部分"为什么"写"公寓小房间的概况"时，真可谓一问惊起千层浪。

课堂截片：

生1：为什么花这么多笔墨写小房间的概况，这与标题没什么关联。

生2：写小房间的概况占第一部分三分之二，篇幅过多，有损主题"囚绿"的表达。

生3：写房间的文字太多，完全可用一句话概括，删去更能体现"囚绿"的主题和开门见山、直接点题的写作方法。

师：（以上的疑问就是学生根据自己所掌握的文章结构知识的"前见"所提出来的）请你读一读你删去后剩下的文字。

生4：我住在北平的一家公寓里，我占据着高广不过一丈的小房间，这房间靠南的墙壁上，有一个圆窗，直径一尺左右。窗是圆的……并且左下角是打碎了的。

师：这删改可以说"天衣无缝"。但请同学们联系时代背景和下文写爱绿、囚绿、释绿思考，作者为什么在文章开始写小房间的概况？

生5：交代房间的狭小、潮湿、炎热、简陋，为下文写遇绿友的欣喜做铺垫。

生6：根据时代背景，写自己仿佛也被囚在这个狭小的房间中，暗点标题"囚"。

生7：因为房间圆窗"左下角是打碎了的"为下文写囚绿做铺垫。

生8：我在这狭窄的房间的困境与绿友的生机形成鲜明的对比，从而为下文爱绿、囚绿做铺垫。

生9：突出我在北平孤单的境况。

师总结：由此可见，看似闲笔的文字，却并不能等闲视之，从中可体味出作者构思的精妙。

以上是对文本内容质疑"为什么这样写"，针对艺术手法提问则以《在马克思墓前的讲话》自主阅读教学片段为例：

生1：恩格斯为什么非要用讳饰的修辞手法把自己的哀痛之情写得那么含蓄呢？可不可以用夸张、排比、比喻等手法将这巨大的悲痛宣泄出来呢？

生2：这个问题好像只有问恩格斯他老人家吧！他喜欢这样写呗。

师：如果仅仅从课本内容是无法找到答案的。到课本外去找，比如讲话的背景、讲话的氛围等。

生3：这是在马克思墓仪式上发表的讲话，气氛是肃穆、庄重，用平实的语言、婉转的说法更好。本来就够悲痛的了，就不要再刺激大家了。

生4：这个讲话是恩格斯代表全世界无产阶级对马克思逝世表示的深切哀悼，这是在公众场合公开讲话，世界瞩目，不宜表现个人悲痛的情感，所以还是委婉些较好。

生5：从演讲者的身份来说，恩格斯是无产阶级革命导师，虽然马克思逝世了，但无产阶级革命事业需要他继续领导，所以恩格斯不能把个人情绪带到演讲中来。

师：从作者身份这个角度思考很好。

生6：排比、比喻、夸张等手法起修饰作用，马克思与恩格斯41年的深厚友谊无须渲染，无须在此向他人证明，41年的患难与共就已向世界证明这段友谊"超越了古人关于人类友谊的一切最动人的传说"，所以还是用平实质朴深沉的语言更好，更真实，不做作。

生7：这段文字就像老白甘，虽无色，但气味芳香醇厚，回味悠长。

师：很好，从文字的表达效果来思考。

现代认知心理学认为，阅读者在阅读过程中会形成各种"思维模块"，组成有序而严密的认知结构。学生在面对解决文段"为什么这样写"这一问题情景时，就在自己已有的认知结构中找寻并搜索与解决所面对的问题相关的思维模块，借以对比、分析、判断和推理，形成知识的沟通和运用，导致问题的解决。[8]

三读三问阅读法让课堂灵动起来，在教师的引导下学生自己探索、总结、质疑、解惑，学生以自身掌握的经验、知识与阅读文本沟通，获取新知识，提升理解能力、分析能力、表达能力。阅读活动中，教师的角色是引导者、点拨者、疏导者，学生是"主人"、是"主角"，由于学生的生活背景、知识结构、审美情趣各不同，也就决定了不同学生对文本的解读是多元的，有着鲜明的个性特征。教师要给予鼓励与肯定，并在分析、探究、感悟的深度和广度上给予支持，使学生探知的触角伸展得更远。

　　美国著名心理学家布鲁纳说："学习者不应是信息的被动接受者，而应是知识获取过程的主动参与者，学习通过自己的练习、探索、发现，所获得的知识才是真正有效的。"所以，作为一名语文教师要把阅读文本的方法教给学生，授之以"渔"，方能激之探索、发现的"欲"，从而使学生真正成为课堂的主体。

**参考文献：**

　　［1］姚斯．作为向文学科学挑战的文学史［M］．王卫新，译．北京：文化艺术出版社，1989：132.

　　［2］路德庆．写作教程［M］．上海：华东师范大学出版社，1984：132.

　　［3］刘熙载．艺概［M］．上海：上海古籍出版社，1978.

　　［4］丹纳．艺术哲学［M］．傅雷，译．北京：人民文学出版社，1983：9.

　　［5］刘勰．文心雕龙·体性［M］．北京：中华书局出版社，1980.

　　［6］中央教育科学研究所．叶圣陶语文教育论集（上）［M］．北京：教育科学出版社，1980：10.

　　［7］刘国正．实和活：刘国正语文教育论集［M］．北京：人民教育出版社，1995：341.

　　［8］朱作仁．朱作仁学教学文存［M］．福州：福建教育出版社，1993：244.